과학자의
신앙공부

KB194787

생물학자가
들려주는
과학과
신앙 이야기

과학자의
신앙공부

김영웅 글 | 신현욱 그림

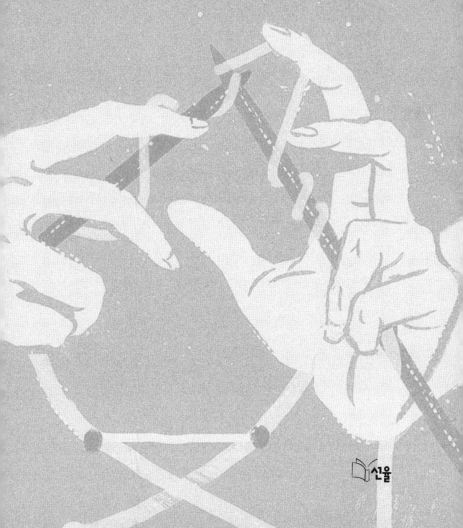

선율

이 책을 강력하게 추천하는 이유는 세 가지다. 먼저 기독교와 과학은 떼려야 뗄 수 없기 때문이다. 신앙과 과학이 대립한다는 편견이 있고, 과학이 기독교 비판의 도구로 사용되지만, 궁극적으로는 창조주를 고백하는 우리에게 자연과 과학은 신앙을 북돋는다. 둘째, 일상적 경험을 과학적으로, 신앙적으로 해석해 주기 때문이다. 하여, 세상을 읽는 안목이 열린다. 마지막으로 저자의 아팠던 사연이 있어서다. 과학과 신앙, 일상과 고통의 이야기가 잘 버무려진 에세이를 만나기란 퍽 드물다. 웬만해서는 거들떠보지 않는 이 풍성한 만찬을 먹는 특권을 누려보지 않겠는가.

김기현 | 로고스교회 목사, 로고스서원 대표

『과학자의 신앙 공부』는 크리스천 생물학자인 저자가 오랫동안 공부하고 연구해온 생물학을 바탕으로 신앙과 신학, 교회를 성찰한다. 줄기세포, 근육, 바이러스, 암세포, 면역, 알레르기, 진화 등 다양한 주제를 쉽고도 흥미롭게 풀어주면서 자연스레 오늘 우리의 신앙과 신학, 한국교회 현실을 연결하여 톺아보게 한다. 그리하여 저자가 들려주는 생물학 이야기의 지적 재미와 유익함에 빠져들다 보면 어느새 신앙적 일깨움과 통찰을 얻게 되는데, 이 점이 이 책이 지닌 차별점이자 매력일 터다. 또한 '중력'과 같이 가치중립적인 과학적 원리이자 현상인 '진화'를 이단의 괴수인양 부르대는 창조과학을 가리켜, 유사과학이자 '반지성과 근본주의가 결합한 괴물이자 미혹하는 영'으로 비판하는 대목은 간명하고도 공감을 자아낸다. 신앙 없는 가정에서 나고 자라 집안에서 홀로 1세대 신앙인이 되어 성실하고 착실하게 신앙생활을 이어온 저자는, 다섯 달 어린 아들의 간질 발병과 기적적인 치유를 체험하면서 영적으로 더 낮아지고 깊어지는 고통의 시간을 겪기도 했다. 한때는 '성공한 과학자'를 목표로 성취 열망에 사로잡혀 생의 경주를 달음질하던 그가 하나님 나라와 의를 선택하고 신앙의 길을 뚜벅뚜벅 걸어가는 모습은 나 자신을 돌아보게 한다.

옥명호 | 월간 「복음과상황」 편집장

『과학자의 신앙공부』는 성경에서 멈추지 않는다. 줄기세포를 연구하는 저자는 인슐린과 암세포, 면역과 알츠하이머를 통해 신앙을 배우고 성찰한다. 세포와 질병을 다루는 과학 내용도 흥미롭지만 그에 비유되는 신앙과 교회에 대한 성찰도 깊은 울림을 준다. 과학자로서 창조에 대한 관점을 고민하는 모습은 신앙인의 바른 태도를 보여주며, 한 가장으로서 겪은 삶의 경험은 우리 인생길이 결국 신앙공부임을 잔잔히 알려준다. 이 책을 통해 과학자의 신앙공부에 함께 하길 추천한다.

우종학 | 서울대학교 물리천문학부 교수

요즘 학생들은 과학자나 과학이라는 말을 들으면 대체로 '어렵다'라는 이미지를 떠올린다. 내가 어린 시절만 해도 대부분의 아이들이 과학을 쉽게 생각하던 것과는 대조적인 현상이다. 아마도 입시 위주의 수업과 어려운 내용 때문일지도 모르겠다. 때문에 과학 교육에서 과학적 소양을 기르는 것이 중요한 시대이고, 이를 위해서는 생활과 밀접한 주제로 수업을 진행하는 것이 도움이 된다. 이 책은 생명과학 분야의 현직 과학자가 일상생활과 밀접한 몇 가지 개념을 쉽게 풀어 설명한다는 점에서 과학적 소양을 기를 수 있는 좋은 소재를 제공하고 있다. 또한 신앙을 갖고 있는 학생이라면 생명과학 현상에서 이렇게 신앙에 대한 적용을 이끌어 낼 수 있구나 하는 본을 보여주는 책이기도 하다. 과학과 신앙은 함께 공존하기 어렵다는 생각을 하는 학생 또는 일반인이 있다면, 이 책을 통해 과학과 신앙이 함께 공존할 수 있음을, 더 나아가 과학을 통해 하나님을 깊이 느낄 수 있기를 바란다.

윤세진 | 구일고등학교 생명과학 교사

내가 생화학자의 탈을 쓰고 주일학교에서 설교를 한다고 어이없어 하시던 지도교수님. 그리고 안수집사가 과학을 하려니 얼마나 양심의 가책을 받을지 걱정해주신 권사님께 나는 아무런 말을 하지 못했다. 그냥 피했다. 하지만 이젠 당당히 말할 수 있다. 김영웅 박사의 『과학자의 신앙공부』를 마음속으로 울면서 읽었기 때문이다. 모든 신앙인들에게 강력 추천한다. 과학이 복음을 풍성하게 할 것이다. 나는 책을 읽으면서 복음에 대한 신뢰가 더 깊어졌다.

이정모 | 국립과천과학관 관장

평소 김영웅 박사님 글의 애독자로서 그의 책이 나오기를 오랜 기간 고대했다. 그의 글에는 한 진실한 과학자로서의 자세와, 고뇌하는 신앙인으로서의 모습과, 낯선 이국에서 이민자의 삶을 꾸려가는 가정의 남편이자 아빠로서의 희로애락이 그대로 녹아 있다. 무엇보다 한 야심 찬 과학도의 인생관과 가치관이 변해 가는 과정과, 신앙의 양심을 지킨 결과를 읽어가는 과정은 흥미진진하다. 전형적인 과학 수기나 신앙 간증과는 다른 장르의 글을 접할 수 있는 흔치 않은 기회이다.

최종원 | 밴쿠버기독교세계관대학원 교수

프롤로그

생물학자로서 나는 생명체를 연구하며 그 신비함에 경탄할 때가 많다. 도저히 인간의 능력으로는 불가능한, 정교하고도 완벽하게 디자인된 생명의 신비 앞에 설 때마다 한없이 작아짐을 느끼는 동시에 광대한 창조주의 흔적을 보는 듯하다. 이런 순간마다 경이감에 휩싸인 채 어느새 겸허하고 경건한 자가 되고, 마침내 예배자가 된다. 나는 과학자가 되고 난 뒤 과학을 통해서 오히려 창조주 하나님의 감추어진 비밀과 그 손길을 조금씩 더 밝히 알게 되고, 그래서 더욱 그분을 향한 믿음과 그분의 섭리와 성품을 더 깊고 풍성하게 알아가고 있다. 우리 생물학자들은 문명이 급속도로 발달한 21세기에도 여전히 감추어진 생명의 비밀을 찾아내고자 부단히 노력한다. 그리고 마침내 드러난 비밀 앞에서 그 누구보다도 먼저 감탄할 수 있는 특권을 누린다. 그러면서 어떻게 그러한 신비가 가능한지 그 메커니즘Mechanism을 밝히는 데 대부분의 시간을 보낸다.

생물학자로서의 일상은 하나님의 창조물을 연구하는 것이다. 숨 쉬고 자라고 번식하는 모든 생명은 창조물이다. 아무리 생명의 비밀을 많이 알고 있다 해도, 아직 밝혀지지 않은 비밀들이 언제나 더 많이 산재되어 있기에, 연구와 실험을 진행할 때면 언제나 기대감으로 충만해진다. 일상에서도 마찬가지다. 그저 지나쳐버리기 쉬운 우리의 단조로운 일상도 놀라운 생명의 신비함으로 가득 차 있다. 하지만 이런 것들은 아무나 볼 수 있는 것은 아니다. 볼 줄 아는 눈이 없으면 보이지 않는다. 일상이 그저 단순한 기계적 반복이라고 여기는 사람의 눈에는 과연 무엇이 보일까? 아슬아슬 꺼져가는 불꽃처럼 생명의 소중함조차 사그라지고 있지 않을까?

대부분의 사람들 각자가 마주하는 세상은 그리 다르지 않다. 그러나 같은 일상도 보는 관점에 따라 달리 해석되는 법이다. 모든 생명은 정교하게 설계되어 있다. 나 같은 생물학자도 누군가가 해 놓은 그 설계물을 발견하고 그 안에 숨은 비밀을 뒤늦게 하나씩 알아갈 뿐, 그것을 창조해낼 능력은 없다. 생물학자는 언제나 창조의 자취를 좇고 창조주의 손길을 경탄하며 찬양하는 자이다. 그리고 그 창조의 자취를 좇는 방법은 다름 아닌 과학이다. 우리에게는 하나님의 계시가 담긴 두 권의 책이 주어졌다. 하나는 기독교 신앙의 근거가 되는 성경聖經, 다른 하나는 자연自然이다. 두 권의 저자는 모두 창조주 하나님이다. 그러므로 성경과 자연은 서로 상충되지 않는다. 성경을 통해서만이 아니라 자연을 통해서도 우리는 동일한 하나님을 알아갈 수 있다.

하나님의 일반 계시가 담긴 자연이라는 책이 해석되는 방법은 바로 과학이다. 과학은 가치중립적이다. 어떠한 입장에 있든, 어떠한 눈으로 바라보든, 다시 말해 하나님을 믿는 사람이든 믿지 않는 사람이든, 과학적인 방법은 누구나 수긍할 수 있는 이성적이고 합리적이며 객관적인 도구가 된다. 그래서 과학이 마치 무신론만을 옹호하며 대변하는 것처럼 경도되어 있는 사람들을 만날 때면 안타까움이 앞선다. 왜 굳이 열려진 귀를 닫고, 보이는 눈을 감으려고 하는지 한편으로 이해가 안 되는 것은 아니지만 참으로 안타까울 뿐이다. 오감을 통해 하나님의 손길이 묻어있는 자연을 관찰하고 연구해가는 과학은 하나님의 계시를 더욱 밝히 드러내고 알아가는 소중하고도 유일한 길이다. 나는 한 명의 과학자로서, 특히 생명을 직접 관찰하고 연구하는 생물학자로서 이 자리를 빌어 자신 있게 말할 수 있다. 과학을 통해서도, 아니 과학을 통해서 더욱 더 하나님의 창조의 흔적을 좇을 수 있고, 그 의미를 밝히 깨달을 수 있으며, 그분을 더욱 더 찬양할 수 있다고 말이다. 구원의 하나님뿐만이 아닌 창조주 하나님의 모습을 조금씩 깨달아갈수록 내 안의 작은 믿음이 조금씩 성장해가며 더욱 더 하나님을 알고 닭아갈 수 있다고 말이다.

여기, 한 생물학자의 눈을 통해 바라본, 일상 속에 감춰진 창조의 흔적을 좇는 여정의 일부분을 공개한다. 이 글은 기본적으로 에세이다. 놓쳐버리기 쉬운 일상의 소중한 조각들을 한 생물학자의 민감한 눈과 생각으로 주워 담아 글이란 매체로 표현한 열매다. 내가 배운 과학과 내가 믿는 신앙이 오랜 시간에 걸쳐 서로 녹아들어 맺어낸 열매다.

1부는 생물학자이자 그리스도인으로서 그리스도인이 마땅히 살아내야 할 기본적인 신앙생활에 대해 쓴 글이다. 나 역시 원하고 바라는 삶의 자세가 녹아있다. 여러 가지 다양한 생명현상을 통해 신앙을 조명하는 접근방법은 너무 익숙해져 자칫 소중함까지 상실된 우리의 식상한 마음을 다시 뜨겁게 만들어줄 수 있을 것이라 기대한다.

2부는 1부의 반역이다. 무엇을 믿고 어떻게 살아가야 하는지를 알면서도 첫 인간이 그랬듯, 하나님과 이웃이 아닌 자기 자신에게 모든 초점을 맞추어 선과 악을 판단하게 된 개인과 교회의 변질된 모습을 생명현상을 비유로 들며 통찰한다. 1부가 창세기 1~2장의 세상이라면, 2부는 창세기 3~11장의 세상으로 감히 비유할 수도 있을 것이다.

3부는 과학과 신학의 조화다. 1부와 2부를 거쳐 3부에 이르는 여정은 창세기 1~2장과 3~11장을 거쳐 마침내 12장에 이르는 여정과 흡사할지도 모르겠다. 창세기 12장에서 비로소 하나님은 아브라함을 부르신다. 복음의 시작이다. 생물학자의 눈에 보인, 하나님이 원하신 '원래 인간'의 바람직한 모습 이후에 변질된 인간과 교회의 타락에 이어, 처음과 똑같을 수는 없겠지만, 더욱 새롭고 진화한 모습으로, 모든 것으로 선을 이루시는 하나님을 의지하며 새 하늘과 새 땅을 바라는 마음으로써 풍성한 조화로움을 말하고자 한다.

마지막 4부는 이런 주제의 글을 쓰게 된 지극히 개인적인 이유가 담겨 있다. 과학과 신앙이라는 대단하고 거대한 정의를 논한다 한들, 개인의 내면에서 공명되지 못하면 울리는 꽹과리에 지나지 않을 것이기 때문이다. 부디 이 책을 쓰게 된 나의 마음과 바람이 잘 전달되면 좋겠다.

과학 시대가 도래 한 지 이미 오래 되었고, 정보화 시대를 맞아 하나님 나라를 회복하는 일은 과거 자유주의에 대항하는 반동적인 세력으로 근본주의가 생겨났던 것처럼, 주어진 현실과 사실에 눈과 귀를 닫고 이성을 악하게 여기는 방법으로는 불가능하다. 다양성을 존중하고 배려하며 기독교의 본질을 더욱 밝히 깨달아 더욱 크신 하나님을 알고 그 지식으로 하나님 나라를 우리 각자의 현장에서 살아내는 방법만이 우리에게 주어진 유일한 길이라 믿는다.

　과학과 신앙 이라는 낯설고 생소한 주제 일지도 모르지만, 여기에 녹아있는 본질은 그리스도인이라면 누구나 느낄 수 있으리라 기대한다. 읽고 공감하며 각자의 현장에서 다시 한 번 마음을 가다듬고 '지금, 여기'를 살아내는 하나님 나라 백성이 되기를 소망한다. 다만 과학은 기본적으로 모든 것을 의심하고 객관적인 증거에 의존해 결론을 내리는 학문이다. 그러다 보니 절대 진리라고 여겨지는 종교의 영역마저도 의심하며 객관적 증거를 찾아내려 하는 모습이 낯설지도 모른다. 그래서 종종 과학자들이 종교의 권위에 도전하는 것처럼 비춰 지기도 하고, 불의에 항거하는 것처럼 보여 지기도 한다. 반대로 과학자들의 이런 시각은 지금 우리의 모습을 객관적으로 볼 수 있게 하는 선한 역할을 하기도 한다. 소망하기는 이 글을 읽고 난 후 적어도 과학에 대한 신앙의 잣대가 조금은 달라져 있기를 기대한다. 그래서 이 책을 읽은 모든 분들의 신앙인으로서의 삶이 조금 더 깊고 조금 더 풍성해질 수 있기를 간절히 바란다. 이제 그리스도인이자 생물학자의 눈으로 본 기독교 신앙과, 그 신앙의 변질로 나타난 교회의 타락, 그럼에도 불구하고 새롭게 시작하실 하나님을 믿는 믿음과 신뢰를 기반으로 한 하나님 나라에 대한 소망으로의 여정을 떠나볼까 한다.

CONTENTS

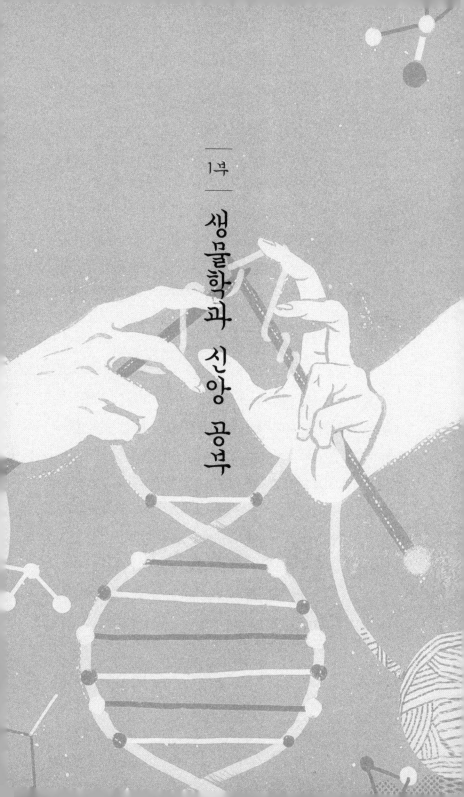

1부

생물학과 신앙 공부

수정   Fertilization

키나 덩치, 피부색과 인종, 신분, 빈부 격차 등에 상관없이 모든
인간의 시작은 단 하나의 세포Cell다. 엄마의 난자와 아빠의 정자
가 만나 생성된 하나의 세포, 즉 수정란Fertilized Egg이 나와 당신, 그
리고 모든 인간의 생물학적 시작이다. 여기에는 자칫 지나치기 쉬
운 신비로운 사실 한 가지가 있다. 그것은 바로 서로 다른 두 세포
의 '하나됨'이다. 새로이 탄생할 생명이 성장과 성숙으로 무수히
많은 분열과 분화를 거듭하기 이전에, 심지어 기억이라는 과정을
거치기 훨씬 이전에 가장 먼저 행해지는 과정이 '하나됨'이란 사
실은 실로 의미심장하다. 풍성한 다양성과 다채로움의 출발이 '하
나됨'이라는 생물학적인 사실은 우리를 겸허하게 만든다. 나아가,
이 논리를 한 개인이 아닌 인류人類로 확장시켜 보면, 우리가 예수

님의 가르침을 따라 서로 배척하지 않고 사랑해야 하는 이유도 어쩌면 원래 하나였다는, 같은 출발점을 갖고 있기 때문일지도 모른다. 생물학적인 관점에서 수정란이란 우리가 기억할 수 없는 저 머나먼 태곳적 이야기의 시작이라는 의미이기도 하고, 우리가 하나였다는 의미이기도 하다.

정자도 하나의 세포, 난자도 하나의 세포다. 그러나 정자와 난자, 이 두 생식세포Germ Cell는 몸 안의 다른 세포체세포와는 달리 염색체를 절반밖에 가지지 않는다. '체세포 분열Mitosis'이란 DNADeoxyribonucleic Acid 복제를 바탕으로 하나의 세포가 한 번의 분열을 거쳐 동일한 염색체 수를 갖는 두 개의 세포로 나눠지는 과정이다. 목적은 증식Proliferation이다. 반면, 생식세포 분열Meiosis, 감수분열은 연속 두 번의 분열을 거치면서 원래 세포가 가진 염색체 수의 절반만을 가진 네 개의 세포가 만들어지는 독특한 과정이다. 목적은 체세포 분열과는 달리 증식이 아닌, 자손에게 부모의 유전 정보를 전달하기 위함이다. 생식세포의 염색체가 체세포 염색체의 절반이라는 점은 불완전성을 의미하기도 한다. 체세포는 몸 안에서 각기 다양한 기능을 담당하며 몸의 일부로 존재하지만, 생식세포는 자신이 가진 염색체와 한 쌍을 이룰 다른 성의 생식세포를 만나지 못한다면 아무런 기능도 하지 못한 채 폐기되고야 만다. 여자들이 한 달에 한 번씩 겪는 생리 현상은 이를 잘 말해준다. 그럼에도 불구하고 이렇게 절반의 염색체 수를 가진 생식세포만이 할 수 있는 완전한 기능이 바로 수정이다. 불완전하기 때문에 완전한궁극적으로 모든 세포를 만들어내는 수정란을 만들 자격을 갖게 된다는 점 역시 의미심장하기만 하다.

사람도 대부분의 동물과 마찬가지로 동일한 염색체^{Chromosome}를 두 개, 즉 한 쌍을 갖는다. 잘 알려져 있다시피, 사람의 염색체는 총 46개다. 성염색체^{Sex Chromosome}인 X와 Y를 빼고_{는여자는 X를 두 개. 남자는 X와 Y를 각각 하나씩 가진다} 44개의 상염색체^{Autosome}로 이루어져 있다. 44개의 상염색체에 매겨진 번호는 1에서 시작해서 44가 아닌 22로 끝난다. 1번 염색체가 두 개, 2번 염색체가 두 개, 이런 식으로 22개의 다른 염색체가 한 쌍씩 존재하기 때문이다. 물론 하나는 엄마 난자로부터, 다른 하나는 아빠 정자로부터 전달되었다. 이것이 바로 수정이라는 신비로운 '하나됨'의 생물학적 결과다. 이렇게 수정은 두 세포가 결합하지만, 이 경우, 1 더하기 1은 2가 아닌 1이다. 핵융합^{Karyogamy}이라는 과정 때문이다. 정자가 난자와 만나는 순간, 정자의 머리 부분만 난자 안으로 들어가게 되고, 마침내 두 세포의 핵이 융합한다. 그리고 정자와 난자의 핵 안에 있던 염색체가 서로 완벽한 짝을 이루며 새로운 완전한 세포가 된다. 수정란의 탄생이다. 절반의 염색체 수를 가진 두 생식 세포가 비로소 온전한 염색체를 가진 새로운 생명으로 탄생하는 놀라운 순간인 것이다.

수 억 마리의 정자는 아빠의 몸에서 순간적으로 분출될 때 얻었던 초기 추진력을 의지하여 앞으로 힘차게 나아간다. 동시에, 올챙이처럼 생긴 특이한 모양 덕분에 정자는 활발하게 꼬리를 움직이며 전진한다. 그러나 정자는 이러한 물리적인 운동만으로는 결코 난자를 만날 수 없다. 수정은 단순히 정자가 방향도 모른 채 무작정 앞을 향해 돌진한다고 해서 이루어지는 간단한 사건이 아니다. 정자는 힘만이 아닌 나아갈 방향을 알아야 한다. 그 방향은 난자라는 목적지로부터 오는 화학적 신호다. 가장 빠른 정자 하나가 일반적으로 난자와 결합할 권리를 갖지만, 그 속도는 단순히 기계적인 운동만으로 결정되지 않는다. 재미있게도 가장 힘이 좋은 정자가 항상 '가장 빠른' 정자가 된다는 보장은 없다는 것이다. 정자는 나아갈 방향을 바로 알기 위해 난자에서 보내오는 화학신호를 제대로 감지해야만 한다. 해부학적으로도 난자의 위치는 초기에 분출된 정자의 직선 방향에 놓이지 않는다. 난자는 정자가 크게 한 번 방향을 틀지 않으면 만날 수 없는 곳에 위치한다. 정자가 가진 초기의 힘만으로는 절대 닿을 수 없는 곳이다. 그러므로 난자와 결합할 유일한 기회를 가질 '가장 빠른' 정자는 물리적 힘만이 아닌 화학적 신호도 잘 감지하는 민감한 세포여야 한다. 목적지로부터 오는 신호에 민감하게 귀 기울이며 나아갈 방향을 끊임없이 확인하며 힘 있게 전진할 줄 아는 세포여야 하는 것이다.

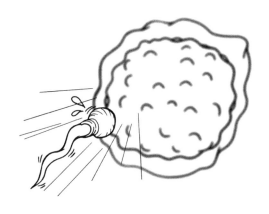

　그리스도인의 신앙은 하나님과 방향을 맞추는 여정이다. 교회나 책을 통해 듣고 배웠던 지식과 과거에 은혜로 받았던 믿음은 그리스도인의 소중한 자산이다. 그러나 그 힘만 의지하는 삶을 신앙생활의 전부라고 할 수 없다. 과거의 지식과 믿음에만 의지하는 그리스도인은 그것이 아무리 깊고 풍성했다 하더라도, '지금 여기'의 삶의 맥락을 읽지 못하면 시대착오적일 수밖에 없고, 근본주의적인 신앙인으로 머물게 될 가능성이 높다. 이는 마치 초기 추진력이라는, 과거에 받았던 큰 은혜의 물결을 타고 뜨거워진 마음만을 의지하여 앞만 보고 힘 있게 전진하는 무모한 정자와 다르지 않을 것이다. 한때 뜨거웠던 마음은 시간이 지나면서 식기 시작한다. 그리스도인들이 흔히 '첫사랑'이라고 말하는, 감격적인 은혜라는 초기 추진력도 시간이 갈수록 점점 바닥을 드러내기 마련이다. 그 강렬했던 감격을 또 맛보기 위해 기도원에도 가보고 부흥집회도 찾아 다녀보지만, 일상으로 돌아오면 어느새 냉랭해져

버린 자신의 모습을 바라보며 남몰래 기나긴 한숨을 쉬게 되는 경험, 아마 대부분의 기독교인들에게 낯설지만은 않을 것이다. 이러한 반복된 도전과 좌절은 급기야 죄책감까지 키우게 되고, 시간이 갈수록 내면에 쌓여가는 것은 하나님을 향한 믿음과 신뢰가 아닌, 냉소와 회의와 무뎌짐이다. 믿고 바라야 할 그리스도인의 '신앙'도 소리 소문 없이 점점 사라져간다. 이런 현상은 주위에서 어렵지 않게 찾아볼 수 있는 사례다. 이 안타까운 사례들은 어쩌면 과거에 자신에게 주입되었던 힘만을 의지하여 그때 그 느낌을 재현하고자 하는 헛된 바람과 부질없는 노력 때문일지도 모른다. 이런 사람의 신앙은 보통 현재가 아닌 과거에 묶여 있고, 하나님의 무한하심이 아닌 자신이 과거에 받았던 은혜나 배웠던 지식의 크기에 제한되어 있다. 언제 떨어질지 모르는 연료 탱크를 지닌 채 사막 한 가운데로 먼 길을 떠난 자동차와 같은 신세인 것이다.

신앙생활에서 중요한 것은 힘보다 방향이지 않을까 한다. 목적지로부터 주어지는 살아있는 신호. '지금, 여기'에 주어지는 하나님의 음성. 지금도 살아계셔서 역사하시는 하나님의 임재. 나는 더 이상 이 신호를 과거에 내게 임했던 그 황홀했던 은혜의 기억에서만 찾지 않는다. 대신 지금도 내가 살아내고 살아내야 할 하나님 나라를 떠받치는 커다란 두 개의 기둥, 즉 정의와 공의를 행하는 삶에서 찾는다. 현재 주어진 삶의 콘텍스트Context를 읽는 행위는 나아갈 방향을 감지하는 좋은 방법이다. 하나님 나라는 진공

속에 존재하지 않는다. 구름 속에 존재하는 막연한 관념이 아닐 뿐더러, 죽어서만 갈 수 있는 어떤 나라도 아니다. 오히려 눈에 보이고 손에 잡히는 나라다. 그 나라는 '세상 속의 그리스도인'이라는 정체성을 가진 하나님 백성들이 살아내야 할, 살아있는 나라다.

내 이웃을 내 몸 같이 사랑하라는 예수님의 말씀을 기억한다. 힘만이 아닌 방향에 대한 묵상을 하다 보니, 이제는 이웃 중에서도 예전에는 잘 보이지 않았던 가난한 자와 억눌린 자, 약하고 소외된 자들이 눈에 보인다. 과거에 내가 받았던 그 큰 은혜는 나 혼자서 즐기고 간직하라고 주어진 것이 아님을 깨닫게 된다. 은혜와 사랑은 흘려보내야 한다. 그 흐름이 곧 생명이다. 살아있음이다. 그리고 그 방향은 내가 아닌 나의 이웃이다. 이것이야말로 하나님을 향한 여정에서 현재 내가 할 수 있는 유일하고 손에 잡히는 방향이지 않을까? 그리스도인의 정체성도 그리고 사명도, 과거의 은혜와 지식의 기억에만 머무는 게 아니라, 현재 내가 살아가는 세상의 콘텍스트 이면에 흐르는 하나님 나라를 감지하는 민감함에서 찾을 수 있지 않을까 싶다. 그리고 그 민감함이 바로 그리스도인의 '살아있음'이요, 현재를 살아내는 신앙이리라 믿는다.

줄기세포   Stem Cell

세포생물학을 배우다보면, 재미있게도 신학 용어 하나를 필연
적으로 만나게 되는데, '전능Omnipotence'이라는 단어이다. 신학에
서 하나님의 전지전능하심을 말할 때 사용하는 단어와 같다. 생
물학에서 줄기세포를 정의하는 동시에 그것의 고유한 특징이기
도 한 이 용어의 생물학적 의미는 "모든 세포로 분화할 수 있는 능
력"이다. 줄기세포는 크게 배아줄기세포Embryonic Stem Cell와 성체줄
기세포Adult stem cell로 나뉜다. 성체줄기세포는 보통 해당 장기 내
에 극소수로 분포하고 있으며 그 장기를 이루는 모든 세포를 만
들 수 있는 능력을 가진다. 그러나 만들 수 있는 세포들이 일반적
으로 그 장기 내에 한정되기 때문에 전능하다는 표현 대신 다능
Multipotent하다는 표현을 사용한다. 반면, 배반포수정란이 세포 분열을 거치

다가 자궁에 착상하기 직전의 단계에서 얻어지는 배아줄기세포는 우리 몸의 모든 세포를 만들 수 있는 능력을 가진다. 한 마디로 전능 혹은 만능Omnipotent or Totipotent한 세포인 셈이다. 이는 하나님이 모든 것을 창조하신 전능함을 떠올리게 한다. '분화Differentiation'의 관점에서 보자면, 전능한 배아줄기세포는 전혀 분화되지 않은 0단계의 세포를 의미한다고 볼 수 있다. 같은 관점에서, 다능한 성체줄기세포는 1이나 2단계 정도로, 그리고 완전히 분화되어 더 이상 세포분열 능력을 잃어버린 채 사멸을 기다리며 각 장기에서 완전한 기능을 담당하고 있는 성숙한 세포는 아마도 5단계 이상의 세포로 이해하면 되지 않을까 한다.

우리 몸에는 수많은 다양한 세포가 존재한다. 각자 고유한 기능을 담당하며 경쟁 대신 조화를 이루면서 우리 몸을 유지한다. 세포 종류마다 다르겠지만, 그 어떤 장기에 소속된 세포라도 모두 그 시작은 한 세포, 즉 배아줄기세포였다. 배아줄기세포는 모든 세포의 엄마인 셈이다. 이렇게 가장 미성숙한Immature 세포가 배아줄기세포라면, 가장 성숙한Mature 세포는 각 장기에 가장 많은 수를 차지하고 있는 '최종 분화된 세포'다. 이러한 세포들은 배아줄기세포로부터 시작하여 여러 세대에 걸쳐 조금씩 분화와 성숙화 과정을 거쳐 마침내 탄생한 것이다. 이렇게 따져보면, 세포도 모두 족보가 있는 셈이니, 꼭 사람과 닮았다. 앞서 설명했듯, 최종 분화한 세포는 더 이상 세포분열을 할 수 없기 때문에 머지않아 사멸

Apoptosis하게 된다. 세포마다 수명이 다른데, 위장 세포처럼 수명이 짧은 세포는 두세 시간 정도 이후에 곧바로 사멸한다. 위장 세포는 그렇게 불꽃처럼 짧은 시간동안 소정의 임무를 다하기 위해 여러 세대의 세포분열과 분화과정을 거쳐 온 셈이다. 그렇다면, 자연스레 질문이 하나 생겨난다. 각 장기에서 가장 많은 수를 차지하는 최종 분화된 세포들이 사멸해 버리고 나면 그 장기는 어떻게 될까? 우리는 이미 그 답을 알고 있다. 이 글을 읽는 동안에도 우리 몸 안에선 많은 수의 세포들이 죽어나가고 있지만, 그 어떤 장기도 사라지지 않고 그대로 존재하기 때문이다. 어떻게 이게 가능한 것일까? 이 중요한 질문의 답은, 사멸하는 만큼 계속해서 새로이 만들어진다는 데에 있다. 사멸의 공백을 메우는 생성. 세포의 사멸도 생성도 모두 프로그램 되어 있다. 이 모든 순환이 가능한 이유는 바로 줄기세포가 각 장기 안에 존재하기 때문이다.

   조금 더 자세히 풀어보자. 머지않아 사멸할 최종 분화된 세포가 분화 단계 중 5단계에 위치하고 있다면, 0단계 배아줄기세포를 제외한, 1에서 4단계까지의 미성숙한 세포들이 언제나 그 다음 단계의 세포를 만들 수 있도록 대기하고 있다. 다시 말해서, 우리 몸은 5단계의 세포가 사멸하는 시기에 맞추어 4단계의 세포가 5단계로 분화하도록 설계되어 있는 것이다. 순차적으로 4단계의 세포는 3단계의 세포가, 3단계의 세포는 2단계의 세포가 그 공백을 메운다. 그리고 그 끝에는 성체줄기세포가 자리하고 있다. 사람이 태어났다면 이미 배아줄기세포가 사라진 이후이기 때문에 성체줄기세포만이 조직 재생이나 치료 등의 목적에 이용될 가치를 지닌다. 전능한 배아줄기세포를 상실한 채 다능한 성체줄기세포만을 가지고 살아가는 존재가 바로 한계를 가진 우리 인간들이다.

생물학을 공부하던 대학원생 시절, 조금 엉뚱한 궁금증이 생겼었다. "왜 우리에게는 배아줄기세포와 같은 전능한 세포가 없을까?" 혹은, "왜 하나님은 우리에게 배아줄기세포와 같은 전능한 세포를 하나도 남겨두지 않으셨을까?" 만약 그런 세포가 어딘가에 남아있다면, 그 세포를 이용하여 조직 재생이나 치료 등의 유익한 일에 사용할 수 있을 텐데 말이다. 그러나 안타깝게도 우리에게는 전능함이 상실되었으며, 다능함만이 그 자리를 대신하고 있다. 그런데 이 상실이 우리에게 가져다준 축복이 있다. 전능하신 하나님을 인격적으로 만날 수 있는 축복이 바로 그것이다. 엄마 뱃속에서는 불가능했던 만남이 그 상실 덕분에 비로소 가능해지는 것이다.

나는 궁극적인 전능함의 근원이 유일하신 우리 주 여호와 하나님뿐임을 믿는다. 우리의 모든 필요를 채우시는 전지전능하시고 무소부재하신 하나님. 그분은 지금도 그 능력으로 창조를 이루고 계신다. 전능한 배아줄기세포를 만드신 바로 그 능력으로 말이다. 나는 우리의 믿음도 마치 세포가 분화하듯 성숙화 과정을 겪는다고 생각한다. 수많은 다양한 세포가 우리 몸 안에 있지만 제각기

다른 기능을 담당하고 있듯, 이 지구를 가득 메우고 있는 수많은 다양한 인종과 국가를 이루는 우리 인간들도 모두 다른 개성을 가진다. 그리스도인의 경우도 제각기 이 세상 가운데 하나님 나라를 살아내기 위해 모두 다른 은사를 가진다.

　주위에서 심심찮게 겪는 일 중 가슴 아픈 일 중 하나는 사라져 가는 교회들을 목도할 때다. 처음에는 다들 하나님 나라의 일이라 믿고 자신의 은사로 열심히 헌신하다가 이런저런 이유로 넘어지고 무너지는 교회들이 적지 않다. 반석 위에 지은 집인 줄 알았다가 한참이 지났을 때에야 그곳이 모래 위임을 깨닫게 될 때도 많다. 그리고 이런 과정을 겪으면서 믿음을 잃어버리는 개인도 왕왕 생긴다. 나는 이런 모습을 보며 우리에게 더 이상 배아줄기세포가 없다는 사실을 기억한다. 우리는 전능함을 상실한 존재다. 그리고 나는 이런 상실을 깊이 인정하고 나서야 왜 하나님이 우리에게서 전능함을 앗아가셨는지 그 이유를 조금 알 것 같기도 하다. 인간은 전능하지 않으니 오직 하나님만을 의지하라고, 오직 하나님만이 전능하시다는 고백을 하게 하시려고, 교회가 무너지고 사라질 때에도 우리가 기댈 곳은 오직 소망이신 우리 주 하나님이라는 사실을 기억하게 하시려고 그러시지 않았을까? 이렇게 생각하면, 우리에게 전능함이 없다는 사실이 오히려 감사 제목으로 바뀐다. 그나마 주어진 다능함으로도 조화를 이루지 못하고 모래 위에 집을 짓는 인간들에게 만약 전능함까지 주어졌었더라면 모래 위에 집

짓는 것마저도 하지 못한 채 비바람이 칠 때만이 아니라 그 어떤 상황에서도 무너짐만을 경험할 수밖에 없는 처참한 인생이 되지 않았을까 싶기 때문이다.

비록 보이지는 않지만, 세포의 자연스런 사멸 뒤에서 그 자리를 메우며 지휘하는 줄기세포처럼, 우리의 실수나 잘못, 불신앙과 염려 등에 의해 무너지는 교회 뒤에서 항상 그 자리를 메우고 여전히 창조의 능력으로 하나님 나라를 이루어 가시는 전능하신 하나님이 우리와 함께 하심을 믿는다. 유한한 육체와 제한된 능력을 가진 우리 인간도 줄기세포의 줄기세포 되신 하나님이 함께 하신다면, 그분의 무한함과 전능함을 맛볼 수 있다는 사실을 믿는다. 창조주 하나님, 나의 주, 여호와!

철분   Iron

혈관은 우리 몸 안의 도로다. 혈관을 통해 모든 세포들에게 영양분과 산소가 운반되고 공급된다. 산소를 택배에 비유한다면, 수송로인 혈관을 빼곡히 메우고 있는 택배기사는 적혈구Red Blood Cell라고 할 수 있다. 건강한 사람의 경우, 혈액을 이루는 대부분의 세포는 적혈구다. 적혈구는 몸 구석구석까지 뻗어있는 혈관을 타고 온몸에 산소를 공급하는 중요한 역할을 담당한다. 피가 붉게 보이는 이유도 바로 적혈구 때문이다. 적혈구는 이름에서부터 색을 나타내는 단어가 들어가는 몇 안 되는 세포 중 하나이기도 하다. 참고로, 엄밀히 말하자면 백혈구White Blood Cell는 색을 나타내는 단어가 아니다. 현미경 상에서 혈액 세포들을 관찰할 때 적혈구에 비해 상대적으로 하얗게 보이기 때문에결코 백색이 아니다 붙여진 이름이다. 그래서 백혈구가 많아져서 생기는 질환을 한국에서는 백혈병이라고 부른다. 영어로는 Leukemia인데, 보다시피 White라는 색을 나타내는 단어가 들어가지 않는다. 백혈병 환자의 혈액은 정상인의 혈액에 비해 묽고 연한 적색이다. 백혈구 수가 적혈구 수에 비해 상대적으로 많아져서 나타나는 현상이다. 그렇다면 적혈구는 왜 붉은 색을 띨까? 그 답은 헤모글로빈Hemoglobin 이라는 단백질에 있다. 하나의 헤모글로빈은 철 원자 네 개와 결합할 수 있다. 그리고 철 원자 하나 당 산소 분자 하나가 결합할 수 있다. 즉, 하나의 헤모글로빈 단백질은 네 개의 산소 분자를 운반할 수 있다. 도넛처럼 생긴 조그마한 적혈구 세포 안에는 억 단위에 이르는 수의 헤모글로빈이 존재한다. 간단한 산수로도 우리는 적혈구 하나가 운반하는 산소 분자 수를 헤모글로빈 수의 네 배로 계산할 수 있다. 일반적으로 정상적인 적혈구 하나는 약 10억 개의 산소 분자를 운반한다. 정상적인 사람의 경우, 몸 안의 총 혈액량은 체중의 12~13분의 1 정도이다. 60kg의 체중을 가진 사람은 약 5리터 정도의 혈액을 보유하고 있는 셈이다. 그리고 정상 성인의 경우, 혈액 1리터 당 적혈구 수가 약 40~50조 정도 되니, 적혈구가 운반하는 총 산소 분자의 수는, 어마어마한 천문학적 단위다. 이는 40~50조개 적혈구 곱하기 5리터 곱하기 10억개 산소 분자인데, 수식으로 나타내면 $40{\sim}50(개) \times 10^{11}(조) \times 5(리터) \times 10(개) \times 10^{8}(억)$이다. 그러므로 산소의 중요성을 생물학적인 관점에서 보면, 적혈구의 기능과 그 기능에 직접적인 역할을 담당하는 헤모글로빈, 그리고 그 단백질을 정상적으로 기능하도록 만드는 철의 존재로 소급 가능할 것이다.

우리 몸에 중요한 대부분의 비타민은 비타민 D를 제외하고는 몸 안에서 만들지 못한다. 철도 마찬가지다. 모두 음식으로 섭취해야만 한다. 이러한 비타민이나 철과 같이 체내 합성이 불가능한 요소들은 당연한 얘기겠지만, 그렇지 않은 요소들보다 훨씬 결핍되기 쉬운데, 이 결핍 현상으로 인하여 우리는 그것들의 생물학적 중요성을 역으로 알 수가 있다. 철분 섭취를 제대로 하지 않으면 적혈구 내 헤모글로빈이 정상적인 기능을 하지 못한다. 산소와 결합할 고리를 잃어버리기 때문이다. 이때 몸에 나타나는 증상을 우리는 '철분결핍성 빈혈'이라고 부른다. 일반적으로 빈혈은 적혈구나 헤모글로빈 수의 감소로 정의되지만, 아무리 그것들이 정상적인 수를 유지해도 철분이 모자라면 기능이 저하 또는 상실되어 빈혈과 같은 증상을 나타낸다. 다시 말해서, 빈혈이 적혈구나 헤모글로빈의 감소로 야기되는 저산소증을 일컫는 증상이라고 할 때, 철분의 결핍도 같은 효과를 유발할 수 있다.

골수Bone Marrow에 문제가 생겨 충분한 수의 적혈구를 만들어내지 못하는 '재생불량성 빈혈Aplastic Anemia'과 같은 구조적 결함이 아닌, '철분결핍성 빈혈Iron Deficiency Anemia'과 같은 기능적 결함에서 나는 우리 신앙의 단면을 엿본다. 겉으로는 멀쩡하게 보이지만, 속은 마치 빈껍데기와 같이 전혀 그렇지가 않은 우리들 신앙의 실태를, 그 모순을, 나 역시 한 명의 그리스도인으로서 회개하는 마음으로 뼈저리게 느끼기 때문이다. 그리스도인은 빛과 소금이다. 빛으로써 어두운 곳에 불을 밝히고, 소금으로써 세상의 부패를 막고 맛을 낸다. 나는 이 예수님의 말씀을 아멘으로 받아들이며, 세상 속에서 살아가는 그리스도인의 정체성으로 삼는다. 한편, 이 글에서 들고 있는 비유를 빛과 소금인 그리스도인에게 확장하여 적용하자면, 그리스도인은 결코 산소가 될 수 없다. 예수님이 산소다. 대신, 그리스도인은 산소를 운반하는 택배기사, 즉 적혈구에 비유할 수 있다. 이때, 그리스도인이 가진 복음은 적혈구가 가진 헤모글로빈이 된다. 즉, '복음을 든 그리스도인'은 '헤로글로빈을 가진 적혈구'로 생각해볼 수 있다. 그렇다면, 어둡고 맛을 잃은 세상은 곧 빈혈, 그것도 '재생불량성 빈혈'이 아닌 '철분결핍성 빈혈'에 걸려있다고 볼 수 있을 것 같다. 다시 말해, 적혈구가 없기 때문도 아니고, 그 수가 모자라기 때문도 아니다. 또한, 적혈구가 가진 헤모글로빈 수가 모자라기 때문도 아니다. 단지 철분이 부족하거나 부재하기 때문이다. 앞서 설명했듯이 산소가 충분히 존재해도 철분의 부재는 빈혈을 일으킨다.

　이 세상이 하나님 나라가 아닌 공중권세 잡은 자의 세상이 되어 가는 이유는 그리스도인의 존재가 없거나 수가 모자라기 때문은 아닐 것이다. 더구나 복음이 없기 때문도 아니다. 오히려 복음에 예수님이 없기 때문일 것이다. 예수님으로 가득 차야 할 공간에 '내'가 너무 많이 들어가 있기 때문이다. 예수님이 증발한 복음. 예수님이 사라진 하나님 나라. 예수님이 잊힌 정의와 공의, 그리고 예수님이 거세된 사랑. 이 모든 현상은 빈혈 증상과도 같다. 적혈구인 그리스도인도 있고, 헤모글로빈인 복음도 있는데, 산소인 예수님과 결합하지 못한 채 저산소증에 걸려있는 상태. 바로 오늘날 우리 그리스도인의 모습이 아닐까? 오늘날 그리스도인이라고 자칭하는 사람들과 그들이 가진 복음이라고 하는 것이 엄연히 존재함에도, 더구나 여전히 매 주일 교회에서나 신자들의 기도 마지막 구절에서 예수님의 이름이 되뇌어지는데도 불구하고, 여전히 하나님 나라의 정의와 공의가 행해지지 않는 이 현상을 어떻게 설명할 수 있을까?

　적혈구도 존재하고 헤모글로빈도 존재하지만 산소를 운반하지 못하는 기능적 결함에 꼭 필요한 것은 철분이다. 산소와 결합할 유일한 고리가 되는 철분. 우리 몸에서 만들어내지 못하는 철분. 그래서 외부에서 섭취해야만 하는 철분. 그 철분은 하나님을 올바로 알고자 하는 우리의 자발적이고 겸손한 마음이 아닐까? 돈과 성공을 하나님으로 둔갑시키는 사람들의 마음에는 예수님이 있을 리 없다. 우리는 늘 은혜를 입은 자로서 자발적이고 능동적으로 하나님 알기를 구해야 한다. 성경을 비롯한 여러 신학/신앙 서적들은 물론, 자연에서조차 하나님의 흔적을 발견하기를 원하는 마음. 하나님을 아는 지식이 들어올 유일한 통로, 곧 여호와를 경외하는 것. 그리스도인이 가진 복음에 다시 예수님을 소생시키는 유일한 다리가 되어줄 철분. 그래서 지금은 그 어느 때 보다 하나님 알기를 더욱 사모하고 구해야 할 때이다. 그래서 철분결핍성 빈혈에 걸려있는 그리스도인의 신앙에 다시 예수님이 주인 되길 간절히 기도해야 할 때 이다.

"내 백성이 지식이 없으므로 망하는도다. 네가 지식을 버렸으니, 나도 너를 버려 내 제사장이 되지 못하게 할 것이요. 네가 네 하나님의 율법을 잊었으니, 나도 네 자녀들을 잊어버리리라."(호세아 4:6)

근육

Muscle

근육은 사용하지 않으면 퇴화한다. 팔이나 다리가 부러져서 얼마간 깁스를 했던 경험이 있는 사람이라면 깁스를 풀었을 때 상대적으로 홀쭉해진 자신의 팔다리를 기억할 것이다. 그러나 누구에게나 깁스를 하지 않아도 몸 전체의 근육 양이 조금씩 줄어드는 시기가 찾아온다. 나이가 들수록 근육 양은 줄어든다. 정상적인 노화 과정이다. 젊었을 때와 똑같은 양의 식사를 하고 똑같은 양의 운동을 하더라도 나이를 먹을수록 체중이 느는 이유는 근육의 감소와 관련이 있다. 근육 감소는 기초대사량과 활동대사량 감소에 직접적인 영향을 끼친다. 기초대사량은 특별한 움직임이 없는 상태에서 24시간 동안 몸의 각 장기들이 사용하는 에너지의 양이다. 하지만 에너지는 근육만 사용하는 게 아니다. 근육 외에도 우리 몸을 이루는 간, 뇌, 심장, 신장과 같은 내부 장기들도 모두 에너지를 사용한다. 가만히 누워만 있어도 우리가 영양분을 꼬박꼬박 섭취해야만 하는 이유다. 각 장기들이 사용하는 대사량은 사람마다 선천적으로 다르지만, 유일하게 우리의 후천적인 노력으로 대사량을 조절할 수 있는 신체 기관이 바로 근육이다. 근육이 적을 때보다 많을 때 기초대사량이 증가한다. 근육이 많으면 가만히 누워 숨만 쉬는데도 더 많은 에너지를 소모하는 것이다. 그러나 근육이 기초대사량에서 기여하는 비율이 크지 않기 때문에, 보디빌더 같이 근육이 비정상적으로 많은 경우를 제외한다면, 기초대사량을 늘린다고 해서 체중 감소를 크게 기대하기는 어렵다. 대신, 근육 증가를 통한 체중 감소 효과는 활동대사량의 증가로부터 기대할 수 있다. 활동대사량은 근육 양과 비례한다. 운동대사량이라고도 부르는 활동대사량이란 몸을 움직일 때 소모하는 에너지의 양을 말한다. 같은 시간 같은 양의 운동을 할 때, 근육이 많을수록 그 만큼 더 많은 에너지를 소모하기 때문에 체중 감소에 효과가 있는 것이다. 흔히들 다이어트를 하며 기초대사량 탓을 하는데, 이는 생물학적으로 정확하다고 볼 수는 없다. 운동을 통한 근육 증가로 활동대사량이 아닌 기초대사량 증진을 원하는 사람들의 내면에는 아마도 여전히 자신은 움직이지 않고 살을 빼기 원한다는 심리가 숨어있는 것일지도 모를 일이다.

근육이 중요한 또 다른 이유는 생물학적으로 대사와 직접적인 관련이 있기 때문이다. 근육은 간과 함께 음식물을 통해 얻은 포도당을 일차적으로 저장하는 장소다. 음식물을 섭취한 후 다음 끼니까지의 공복 기간이 길 경우 기초대사를 위해서라도 근육과 간은 저장해두었던 포도당을 혈액에 다시 내보내어 온몸에 영양분을 공급한다. 일차 저장 장소인 간과 근육의 공간을 다 사용하고도 남을 만큼 필요 이상으로 영양분을 많이 섭취한 경우, 우리 몸은 이차 저장 장소인 지방을 사용하게 된다. 보통 체중 조절의 목적은 지방을 제거하기 위함인데, 근육 양이 적은 사람의 경우 일차 저장 장소의 빈약으로 인해 이차 저장 장소인 지방이 곧잘 이용되기 때문에 체중 조절에 실패하는 것이다. 그러므로 체중 조절 방법으로 일차 저장 장소를 크게 만든다면 우리 몸의 지방 축적을 막을 수 있게 된다. 우리는 간의 크기를 의지적으로 늘릴 수 없다. 그러나 근육은 마음만 먹는다면 늘릴 수 있다. 대사의 기본적인 지식만 알아도 보다 효과적인 체중 조절을 시도할 수 있다. 이제 나이가 많을수록 근육의 중요성이 커지는 이유가 이해되었을 것이다. 근력 운동은 십대나 이십대만 하는 게 아니다. 오히려 중장년층에 속한 모든 사람들이 더 노력을 기울어야 하는 운동일 수 있다.

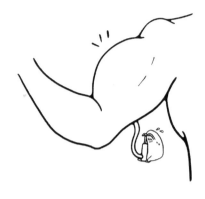

인터넷과 스마트폰의 발달로 여건만 갖춰진다면 누구든지 마음먹은 대로 목회자들의 설교나 신학교 교수의 대중 강연 등 기독교 관련 정보를 무제한으로 습득할 수 있는 시대다. 이제는 목회자들의 설교도 쇼핑 목록의 상품처럼 골라 들을 수 있다. 한 마디로 말씀의 홍수가 일상이 되어버린 시대를 살아가고 있는 셈이다. 그럼에도 불구하고, 왜 나는 요즘 세대의 그리스도인들이 몇 십리 길을 가서야 일주일에 한 번 목회자의 설교를 들을 수 있었던 우리 부모나 조부모 세대의 그리스도인들보다 더 빈약하다고 느껴지는 것일까? 말씀을 사모하고 붙잡던 그 열정은 모두 어디로 사라진 것일까? 단지 말씀의 공급이 많아져서 그 희소성이 사라져버렸기 때문일까? 혹시 그 말씀으로 인해, 그리고 말씀과 더불어 단단하게 증가했어야 할 근육이 제대로 자리 잡지 못했기 때문은 아닐까? 듣거나 읽는 기독교 관련 정보들이 우리 몸이 섭취하는 음식물과 같다면, 그 정보들은 분명 우리 안에서 무언가를 만들거나 유지하는 데 사용될 영양분으로 작용할 것이다. 음식은 많이 섭취하지만 근육이 없기 때문에 남는 포도당을 곧바로 지방으로 축적하는 게으르고 미련한 사람들처럼, 현대 그리스도인들이 우리 부모님 세대의 그리스도인들보다 빈약하다고 여겨지는 이유는 혹시 말씀대로 살아낼 수 있도록 도와주는 근육을 갖고 있지 않기 때문은 아닐까?

아무리 충격적인 경험으로 복음을 알고 하나님 나라 비밀의 단면을 맛보았다 하더라도, 그것이 단지 머리와 가슴에만 머문다면, 그저 좋은 책이나 영화, 혹은 멋진 이야기를 듣고 감동한 경험과 다를 게 없을지도 모른다. 나는 하나님 말씀이 책상 앞에 앉은 학자들에게만 주어진 것이 아니라 실제 삶을 살아낼 모든 사람에게 주어졌다고 믿는다. 즉, 하나님 말씀은 결국 행함으로 열매를 맺는다고 믿는다. 머리가 아닌 몸의 반응이 곧 믿음의 궁극적인 열매인 것이다. 머리로 입력된 기독교 교리나 사상, 나아가 기독교 가치관과 세계관을 우리가 실제 삶에서 살아내지 못하고 늘 이중적인 삶을 살거나, 그로 인해 갈등과 죄책감에 쉽게 사로잡히는 이유가 무엇인지 먼저 생각해볼 필요가 있다. 그것은 아마도 '우리가 생각하는 것'과 '우리가 원하고 사랑하는 것'의 괴리에서 기인하지 않을까?

근육은 머리가 아닌 몸이다. 홍수처럼 산재된 수많은 기독교 정보들을 듣거나 읽는 행위는 머리가 하는 행위다. 반면, 그 정보들을 기반으로 하여 개개인의 삶에서 살아내는 것은 몸의 일이다. 근육이 없으면 움직일 수 없기에 그 어떤 몸의 행위도 불가능하다. 마찬가지로 예수님의 가르침대로 살아내는 것도 머리가 아닌 몸이 움직여져야만 하는 일이며, 이때 근육이 필수다. 예수님의 가르침대로 살아내지 못하는 이유는 머리가 잘못되었기 때문이 아니다. 즉, 예수님의 가르침이 잘못된 것이 아니다. 단지 그 가르침대로 살아내야 할 몸에 근육이 없기 때문에 움직일 수 없어서 살아내지 못하는 것인지도 모른다. 그렇다면 이때의 근육이란 도대체 무엇을 의미하는 것일까? 그 근육은 아마도 그리스도인의 정체성을 이루는 예전적인 행위들이 아닐까? 머리에 입력된 정보를 몸으로 변환함과 동시에, 머리를 거치지 않고 바로 몸으로 받아들이는 가장 중요하고 기본적인 것들... 어쩌면 루이스Clive Staples Lewis가 말한 『순전한 기독교』는 모든 교단을 초월하여 공통된 어떤 기독교 교리나 사상에 국한되는 게 아니라, 세례와 성경, 성찬례와 기도와 같은 그리스도인으로 형성되도록 돕는 행위의 전반이 아닐까? 머리로 깨닫는 것과 가슴으로 감동받는 일을 넘어서, 그리고 개인이 위로받고 은혜 받는 행위를 넘어서, 머리와 몸이 하나가 되어 함께 호흡하며 하나님 나라 백성으로 형성되도록 돕는 모든 행위들이 바로 그 근육이 아닐까? 교리와 사상을 늘 기억해서 행동한다면 참 좋겠지만, 꼭 그렇지 않아도 우리 몸에 가장 자연스럽게 익은 습관처럼 복음과 하나님 나라의 원리를 살아내고자 욕망하고 그런 삶을 동경하고 사랑하는 일. 그리고 그런 사람으로 형성하도록 돕는 모든 과정이 바로 근육이 아닐까? 그 근육을 다른 말로 표현하자면 예배, 예배하는 삶일 것이다. 일요일 교회당에 모여 함께 참여하는 예배도 예배이지만, 평일 직장에서 그리고 일상에서의 우리 삶 전체가 예배하는 삶일 수 있다. 예수님의 복음과 하나님 나라가 사상이 되고 가치관과 세계관이 된다면, 실제로 나타나야 하는 삶은 예배하는 삶일 것이다. 가만히 놔두면 자연스레 퇴화하는 근육의 속성처럼 이 예배하는 삶도 부단히 단련하고 지속하지 않는다면 곧 사라져버릴 것이다. 남에게 대접받고 싶은 대로 남을 대접하라는 예수님의 압축적인 메시지를 우리의 삶에서 가장 많은 시간을 차지할 직장과 일상 공간에서 실천할 수 있다면, 그 삶은 곧 예배하는 삶일 것이다. 결코 골방에서 기도하는 것만으로는 근육이 형성되지 않는다. 근육은 움직여야 단련되고 늘어난다. 계속 키우고 유지해야만 한다. 골방이 아닌 문밖에서, 사적인 영역이 아닌 공적인 영역에서, 교회가 아닌 세상에서 그 근육은 생성되고 다져질 것이다. 근육은 머리가 아닌 몸으로만 다져진다. 내가 아닌 내 이웃을 먼저 생각하고 그들의 이야기를 듣고 공감하고 같이 아파하고 실질적인 도움의 손을 건넬 수 있는 삶. 넉넉한 자본의 힘도 감히 미치지 못하는 이러한 삶의 영역 안으로 들어갈 때 비로소 그곳이 곧 예배하는 처소요, 하나님 나라일 것이다.

인슐린   Insulin

식욕은 본능이라지만, 음식을 먹는 과학적인 이유는 영양분을 섭취해서 에너지로 전환하기 위해서다. 입으로 들어간 음식물은 침과 함께 식도를 통해 위에 도달한 뒤, 효소가 동반된 소화 운동을 거치게 된다. 이어서 소장과 대장을 통과하며 혈액을 타고 온몸 구석구석으로 영양분을 공급한다. 소장과 대장에서 흡수된 영양분은 이산화탄소, 물, 요소 등으로 분해된 후 폐나 콩팥을 통해 배출되고, 소장과 대장에서 흡수되지 않은 찌꺼기는 항문을 통해 배출된다. 이렇게 음식물은 기계적이고 화학적인 소화 운동을 통하여 최종적으로 포도당^{Glucose}으로 만들어진다. 이것이 우리가 음식을 먹은 후 혈당이 증가하는 이유다. 혈당은 혈액 내 포도당 농도다. 그래서 단당류의 음식을 섭취하면, 다당류의 음식이나 단백질 혹은 지방 함량이 높은 음식을 섭취할 때보다 포도당으로 변환하는 소화 작용이 간단하여 짧은 시간 급격하게 혈당이 치솟게 된다. 그런데 만약, 그렇게 올라간 혈당을 제대로 처리하지 못하면 어떻게 될까?

다시 말해서, 소화 작용을 통해 만들어진 포도당이 세포를 통해 체내 장기들에게 흡수되지 않고 그대로 혈액에 둥둥 떠다닌다면 과연 우리 몸에는 어떤 일이 벌어질까? 달달한 음료수나 설탕물을 손가락 끝으로 만져본 경험을 떠올려보자. 그리고 그것이 자신의 혈액이라고 상상해보자. 혈당이 높은 혈액이 어떤 모습을 띨지 어렵지 않게 상상할 수 있을 것이다. 혈당을 제대로 처리하지 못하면, 혈액은 끈적끈적한 상태로 온몸을 순환하게 된다. 당연히 원활한 혈액순환을 기대할 수 없다. 실제로 이런 혈액을 가진 사람들이 존재한다. 당뇨병 환자들이다. 당뇨병 환자의 혈당은 정상인의 혈당보다 월등히 높다. 그런데 그 이유는 당뇨병 환자가 정상인보다 월등히 많은 양의 음식을 섭취하기 때문이 아니다. 섭취한 음식을 소화한 뒤 만들어진 포도당을 제대로 처리하지 못하기 때문이다.

인슐린은 혈당이 증가할 때 췌장Pancreas에서 분비되어 우리 몸의 각 장기를 이루고 있는 세포들이 포도당을 흡수하도록 돕는 아주 중요한 호르몬이다. 이 호르몬이 선천적으로 만들어지지 않는 경우를 제 1형 당뇨병, 만들어지기는 하지만 양이 충분하지 않거나 효과적으로 활용하지 못하여이를 인슐린 저항성이라고 한다 인슐린이 없

는 경우와 비슷한 상황을 연출하게 되는 경우를 제 2형 당뇨병이라 분류한다.

우리의 육신이 먹는 음식이 있다면, 영이 먹는 음식도 있다. 그리스도인에게 그것은 하나님 말씀일 것이다. 예수님은 우리에게 "사람이 떡으로만 살 것이 아니요 하나님의 입으로부터 나오는 모든 말씀으로 살 것이라"고 했다. 이는 마태복음 4장에 기록된 말씀으로써, 예수님이 공생애 시작 전 광야에서 사십 일 기도 직후 맞이한 사탄의 유혹에서 사용하신 신명기 말씀이기도 하다. 하나님 말씀을 듣거나 읽는 행위는 그리스도인임을 증명하는 하나의 필요조건이 된다. 그리스도인으로서 하나님 말씀을 읽고 묵상하고, 나아가 그렇게 살아내려고 성령의 인도를 구하는 것은 너무나도 자연스럽고 합당한 일이다. 그러나 단순히 말씀을 먹는 행위를 한다고 해서 그리스도인임을 증명할 수는 없다. 먹는 행위에 그치지 않고 적어도 한 단계, 아니 두 단계는 더 나아가야 한다. 섭취에 이은 소화와 흡수 과정이 바로 그것이다. 살기 위해서는, 아니 적어도 움직이기 위해서는 음식을 먹고 소화시키고 그 영양분을 흡수해서 에너지로 만들어야 한다. 마찬가지로, 하나님 말씀을 먹는 이유는 궁극적으로는 하나님 나라 백성으로 살아내기 위해서다. 이 역시 하나님 말씀을 먹는 행위에 이어 그 말씀을 소화시키고 영양분을 흡수해서 에너지로 만들어야 하는 과정이 뒤따른다. 먹기만 한다고 해서 곧바로 에너지가 만들어지지 않듯이, 하나님 말씀을 읽고 듣기만 한다고 해서 곧장 하나님 나라 백성으로 살아갈 힘이 생기는 것은 아니다. 다시 한 번 강조하지만, 읽고 들은 하나님 말씀을 소화하고 흡수해야 한다. 앞서 언급한 당뇨병의 예는 자칫 간과하기 쉬운 이 소화와 흡수 과정의 중요성을 우리들에게 일깨워준다.

결론적으로 나는 "말씀으로 살아야 한다"는 성경구절을 해석할 때 생물학자의 관점이 필요하다고 생각한다. 특히 인터넷과 스마트폰의 보급으로 말씀의 홍수 시대를 살고 있는 이 시대에 "말씀으로 살아야 한다"는 말씀은 말씀을 "먹는다"는 해석에서 더 나아가 말씀을 "먹고 소화하여 흡수한다"는 뜻으로 해석해야 한다고 생각한다. 입으로 음식을 먹기만 하고 소화하지 못한다면, 그 음식은 그저 잘게 부서진 채 배설물로 처리되고 말 것이다. 그리고 음식을 먹고 소화까지는 했으나 흡수하지 못한다면, 포도당은 혈액을 타고 둥둥 떠다니게 될 것이다. 음식을 먹었으나 영양분을 섭취하지 못하여 에너지를 얻지 못하게 되는 모순적인 상황이 발생하고야 마는 것이다. 이는 마치 음식물을 먹고 소화까지는 했으나 결국 포도당을 흡수하지 못하는 상황, 즉 당뇨병을 떠올리게 한다. 흡수하지 못한다면, 아무리 소화 기능이 발달한 사람이라도 음식을 많이 먹으면 먹을수록 그 사람의 혈당은 점점 늘어가기만 할 것이다. 혈당이 충만하여 끈적끈적한 혈액, 그러나 바로 그 옆에서 영양실조에 걸려가는 세포들. 말씀은 충만하나 말씀의 힘을 얻지 못하는 그리스도인들. 아무래도 둘은 닮은 점이 많아 보인다.

말씀을 읽고 듣는 것은 중요하다. 습관처럼 그리스도인의 정체성을 형성하는 중요한 실천이라 생각한다. 더불어 그렇게 읽거나 들은 말씀을 주어진 콘텍스트에 맞게 잘 해석하는 것도 중요하다. 여기에 읽고 해석한 말씀을 실제 삶으로 연결시키는 것 또한 대단히 중요하다. 살아내기 위해서는 움직여야 하고, 움직이려면 근육이 필요하며, 근육이 작동하려면 근육세포가 에너지를 얻어야 한다. 그러려면 영양분 섭취가 관건이다. 음식을 먹고 소화하고 흡수하듯, 말씀을 읽거나 듣고 해석해서 내 것으로 흡수하여 에너지로 전환시킨 후 자신의 현장에서 하나님 나라를 구현해내는 데까지 이어져야 한다. 그것이 바로 말씀으로 산다는 말씀의 본질일 것이다. 이때 소화하는 과정은 사도행전 17장에 나온 베뢰아 사람들의 말씀 앞에서의 자세를 떠 올리게 한다.

"베뢰아에 있는 사람들은 데살로니가에 있는 사람들보다 더 너그러워서 간절한 마음으로 말씀을 받고 이것이 그러한가 하여 날마다 성경을 상고하므로"(사도행전 17:11)

베뢰아의 교인들은 받은 말씀이 그러한가 하여 날마다 상고했다. 그들이 말씀을 상고했다는 것은 기계적이거나 문자적으로 말씀을 받아들였다는 것은 아닐 것이다. 오히려 질문하고 의심하고 토론하고 확인하는 과정을 뜻할 것이다. 우리 몸은 해석되지 않은 하나님의 말씀을 있는 그대로 흡수할 수 있는 역량이 없다. 반드시 묻고 따지며 그 말씀을 이해하려는 의지를 갖고 하나님이 주신 이성을 활용하여 열심히 공부해야 한다. 그것이 바로 말씀을 소화하는 과정일 것이다.

소화에 이은 흡수 과정은 말씀을 우리의 영혼 안에 심겨지도록 하는 행위와 같다. 기록된 말씀인 성경을 넘어서 그 안에, 그리고 그 위에 계시는 하나님을 깊이 묵상하며 계시된 말씀이자 성육신 하신 하나님이신 예수님의 빛으로 우리의 실제 삶을 비추어보는 것이다. 이러한 과정을 거치면서 우리의 정체성과 사명을 다시금 점검하고, 하나님 나라를 살아낸다는 것의 의미를 각자의 콘텍스트에 맞게 어떻게 실천할 것인지 치열하게 고민해보는 것이다. 이를 다른 말로 표현해보자면, 텍스트에 대한 이해를 시대와 상황에 맞게, 그러면서도 예수의 복음과 하나님 나라, 그리고 이를 추구하는 그리스도인의 본질에 어긋나지 않도록 각자의 콘텍스트에 맞게 해석하는 것이다. 소화 과정 중 여러 많은 해석의 가능성을 알게 되면서 말씀의 깊이와 풍성함을 경험할 수 있지만, 그 다양한 해석들이 자신의 삶과는 동떨어질 가능성도 많다. 그래서 결국 내게 들려주신 하나님 말씀을 붙잡는 과정이 필요한 것이다. 나는 이 과정을 소화에 이은 흡수 과정이라고 봐야 한다고 생각한다.

말씀보다 다른 것들이 먼저 각인된 우리의 몸과 마음은 말씀 묵상을 통해 성령의 인도를 구하며 끊임없이 교체해가는 작업이 필요하다. 그러지 않으면 그리스도인은 당뇨에 걸린 환자의 상태와 다를 바 없게 된다. 혈액 내 충만한 포도당을 세포로 흡수하도록 돕는 인슐린처럼, 성령은 말씀의 인슐린이 되어 말씀을 내 영혼에 흡수시키고 각인시키도록 도와줄 것이다. 떡으로만 살지 않고 말씀으로 살도록 인도해주실 것이다.

바이러스 Virus

생물도 무생물도 아닌 존재. 살아있지도 죽어있지도 않은 존재. 스스로는 자가 복제조차 못하기에 언제나 숙주Host를 찾아다니는 존재. 그리고 기어이 찾은 숙주세포 안으로 들어가 조용히 숙주와 공생Symbiosis하거나, 숙주가 가진 생체기계들을 몰래 훔쳐 사용하여 스스로를 마음껏 증폭시킨 뒤 숙주를 죽이고 또 다른 숙주를 찾아다니는 존재. 그러는 과정에서 엄청난 속도로 진화를 거듭하는 존재. 바로 바이러스다. 바이러스는 박테리아Bacteria와는 달리 스스로 지속적으로 존재할 수 없다. DNA나 RNARibonucleic Acid와 같은 유전정보를 가지고 있지만, 그것들을 복제할 수 있는 장치들을 가지고 있지 않다. 그래서 언제나 자신의 유전정보를 숙주세포 안으로 주입하여야만 자신의 복제품을 만들어낼 수 있는 운명이다.

박테리아는 독립적인 유기체다. 그러므로 우리가 박테리아에 감염되었다는 말은 우리 몸 안이 박테리아의 번식 장소가 되었다는 단순한 의미로 이해할 수 있다. 스스로 숨 쉬고 먹고 마시고 소화하고 분열할 수 있기에 박테리아에게는 가장 적합한 환경만 찾아내면 되는 문제인 것이다. 대부분의 박테리아는 유기체 내의 세포 안으로 들어가지 않는다. 박테리아 역시 세포다. 단, 우리 몸을 이루는 세포와는 달리 '세포벽Cell Wall'이라는 독특한 형태를 가진다. 그리고 이 차이점 덕분에 우리는 항생제의 역할, 즉 우리 몸의 세포가 아니라 박테리아만을 특이적으로 제거하는 역할을 기대할 수 있다. 박테리아 감염이 위험한 이유는, 박테리아의 분열이 기하급수적이고 어마어마한 속도로 진행되어, 감염 후 항생제가 제때 투여되지 않으면 패혈증으로 사망할 수 있기 때문이다. 박테리아의 번식이 과도한 염증 반응과 함께 신체 전반에 걸친 기능을 망가뜨리기 전이라면 항생제로 충분히 제어 가능하다.

　반면, 바이러스 감염은 전혀 다른 의미를 가진다. 박테리아와는 달리 바이러스는 먹지도 마시지도, 심지어 숨 쉬지도 않는다. 모든 생물에게는 유전정보가 들어있는 DNA나 RNA가 가장 중요한 의미를 가질 수 있겠지만, 바이러스의 경우는 그 의미가 다르다. 가진 것이 거의 그것밖에 없기 때문이다. 바이러스의 감염은 숙주 세포 안으로 자신의 DNA나 RNA를 주입하여 또 다른 자기를 만들어내는 과정이 활발하게 일어나고 있는 상태로 해석 가능하며,

그 와중에 숙주 세포의 정상적인 기능이 망가져서 그 세포가 속한 장기가 기능을 상실하게 되거나, 전체 면역 관련 시스템이 응급 상황으로 바뀌어 신체 전반적인 염증 반응이 일어나고 있는 상태로도 해석 가능하다.

그런데 이러한 바이러스 감염 기작機作에서 나는 왜 전도와 선교, 나아가 기독교 교육에 대해 재고해 보게 되는 것일까? 전도와 선교, 그리고 기독교 교육이란 도대체 무엇일까? 그것들은 단순히 그리스도인들이 정한 교리와 사상을 이성적이고 합리적인 방법으로 잘 설명하여 상대방을 설득하는 과정만을 일컫는 말일까? 행여나 그 사람이 설득을 당하여 예수님을 영접하겠다는 기도를 따라 하고 교회에 출석하게 되면, 우리는 그 사람을 그리스도인이라 불러도 되는 것일까? 그리고 그렇게 되면 전도와 선교는 제 할 일을 다 한 것일까? 바이러스가 자신의 유전 정보를 숙주에게 주입시키는 행위는 숙주를 위해서가 아니라 자기 자신의 증폭을 위해서다. 혹시 기독교 사상을 비그리스도인에게 전달하는 행위도 비그리스도인을 위한 것이 아니라 그저 그 사상을 전하는 사람과 동일한 사상을 가지도록 조장하는 행위에 머물고 있진 않을까? 그리고 우리는 그 행위를 전도와 선교, 기독교 교육이라고 부르고 있진 않을까? 교리나 사상과 같은 정보의 전달과 그것을 받아들이게끔 설득하는 과정이 우리가 생각하는 전도와 선교와 교육의 전부라면, 나는 우리 모두가 이 개념들에 대해서 다시 한 번 진지하게 점검

해봐야 한다고 생각한다. 제임스 스미스James K. A. Smith가 간파한대로, 어쩌면 우리는 생각한대로 사는 존재가 아니라, 욕망하는 대로 사랑하는 대로 사는 존재일지도 모르고, 믿고 생각하기 이전에 욕망하고 상상하고 사랑하는 존재, 나아가 우리는 대부분의 삶에서 계획하고 생각한대로 사는 존재가 아니라 그 이면에 녹아있는 은밀한 습관에 이끌려 살아가는 존재일지도 모르기 때문이다. 이런 면에서 전도와 선교나 교육은 어쩌면 그리스도인이 가진 정보Information를 비그리스도인에게 전달하는 과정에 그치고 마는 것이 아니라, 그리스도인으로 형성Formation되어 가도록 돕는 총체적인 과정일지도 모른다. 만약 정보 전달이 전도와 선교와 교육의 전부라면, 어쩌면 그건 바이러스가 숙주세포에게 자신의 유전 정보를 주입시키는 행위와 다름없을지도 모른다.

정보와 형성의 중요한 차이점 중 하나는 '표적'이다. 정보 전달의 표적은 상대방의 머리인 반면, 형성의 표적은 몸이다. 머리로 이해하고, 배운 교리를 외우고, 가르쳐준 사상과 같은 방향으로 생각하고가치관, 세상을 그 관점으로 바라본다고세계관 해서 실제 삶에서 그렇게 살아가는 것은 결코 아니다. 생각하는 것과 살아내는 것의 차이는 사실 모순되고 분열된 우리들 자아의 모습과 너무나도 닮아있다. 이해를 추구하는 신앙에 반기를 들자는 것은 아니다. 그러나 그것만으로 전도나 선교, 그리고 기독교 교육에 마침표를 찍는다면 우리는 그 정보를 받아들이기 이전보다 더욱 모순되고 분열된 삶을 살아갈 가능성이 높다는 점을 지적하고 싶은 것이다. 하나님 나라를 '아는 것'과 하나님 나라를 '욕망하고 사랑하는 것'의 차이를 생각해 보자는 것이다. 머리만이 아닌 몸의 움직임, 더 나아가 머리와 몸이 하나가 되는 상태를 생각해 보자는 것이다.

정보와 형성의 또 다른 차이는 '책임감'이다. 정보 전달은 형성에 비해 무책임하다. 「4영리」에 적힌 대로 외우거나 읽어서 상대방을 납득시킬 수 있도록 잘 설명하는 행위에서 우리는 '열심'을 찾을 수는 있지만, 상대방을 배려하는 '책임감'은 좀처럼 찾기 힘들다. 어쩌면 정보전달은 부담스런 숙제를 하나 해치운 기분 정도를 선사해줄지도 모른다. 그러나 형성은 관심과 사랑, 그리고 신실한 책임감이 처음과 끝을 이룬다. 우리는 정의롭고 공의로운 말만 하는 사람보다는 그렇게 살아내는 사람의 영향을 더욱 크게 받는다. 삶으로 살아내는 믿음. 머리로 이해하기 이전에 몸으로 보여지고 들려지고 만져지는 신앙. "이렇게 살면 이런 유익이 있겠군!" 하는 계산적인 신앙이 아닌, "아, 나도 이렇게 살아야지!" 하며 욕망하고 사랑하는 신앙 속에 하나님 나라가 있지 않을까? 관념적으로 느껴지기만 했던 예수님의 복음과 하나님 나라가 실제 삶 속에 녹아있는 사람. 교리와 사상을 누구에게라도 가르칠 수 있을 정도로 숙련된 기독교인을 가뿐히 넘어서는 믿음과 신앙. 바로 이런 믿음과 신앙 안에 하나님이 예수님을 통해 보여주신 최고의 사랑 표현인 성육신, 그리고 바울이 말한 '거룩한 산제사'의 의미가 담겨있지 않을까?

살아내지 못하면 믿음과 신앙도 모두 헛것일지도 모른다. 시끄럽게 울리는 꽹과리처럼 사랑이 거세된 그리스도인의 모든 행위에는 하나님 나라가 없을 것이다. 하나님을 다 이해하지 못해도 여전히 우리는 하나님을 믿고 신뢰하는 것처럼, 기독교 교리와 사상을 미처 머리로 다 이해하지 못해도 예수님처럼 삶을 살아내는 사람. 예수님을 닮는다는 것은 예수님처럼 살아내는 것이지 예수님처럼 아는 것이 아닐 것이다. 교리와 사상에 묶인 채 여전히 모순되고 분열된 삶을 사는, 머리만 큰 가분수 꼴의 사람이 아닌, 작고 보잘 것 없어도 자신의 일상에서 예수님이 보이신 작은 모습을 성실히 살아내는 사람. 바로 오늘날 우리에게 필요한 그리스도인의 참된 모습이 아닐까? 그리고 이러한 모습의 그리스도인으로 형성되도록 돕는 모든 과정이 전도와 선교, 그리고 기독교 교육의 본질이 아닐까? 그래야 전도와 선교와 교육이 적어도 바이러스의 감염기작보다는 월등하다고 말할 수 있지 않을까?

한센병   **Leprosy**

통증은 신의 선물이라는 말이 있다. 얼핏 역설적으로 들리는 이 말은 조금만 더 인내심을 갖고 생각해 보면 곧 어렵지 않게 고개를 끄덕일 수 있게 된다. 한센병 환자들의 예는 이를 극명하게 일깨워준다. 겉으로 보기에는 누구보다 극심한 통증을 체감하고 있을 것만 같은 한센병 환자들은 놀랍게도 실제로는 통증을 전혀 느끼지 못한다. 한센병의 진행은 통각의 상실을 동반하기 때문이다. 그래서 그들의 간절한 소원 중 하나는 통증을 느끼는 것이다. 문둥병이라고도 알려진 이 질환에 걸린 사람들은 어느 날 손가락과 발가락이 문드러지고 떨어져나가도 인지하지 못한다. 아무것도 느낄 수 없기 때문이다. 건강한 사람이 다쳐서 외과적인 수술을 받게 되면, 의사는 의도적으로 환자가 통증을 느끼지 못하도록 미리 마취를 실행한 뒤 수술을 진행한다. 수면 마취의 경우 잠이 든 상태에서 모든 수술이 진행되기 때문에, 수술이 끝나고 나서야 다친 부분이 치료되었다는 사실을 알게 된다. 국소 마취의 경우에는 의식이 깨어있는 상태에서 수술 부위만 무감각하게 만든다. 한센병 환자의 경우를 이런 수술 전 마취에 비견할 수는 없다. 그럼에도 불구하고, 외람될지 모르나 굳이 비유해 본다면, 한센병 환자들은 의식이 깨어 있는 상태에서 전신이 마취된 채로 살아가는 사람들이라고 조심스럽게 표현할 수 있다. 그들이 사회적으로 낙인 찍히고 차별과 배제를 당하는 등 영혼에 깊이 남겨질 상처를 받게 되는 가슴 아픈 사실을 차치하고서라도 그들의 통각 상실의 고통은 쉽게 공감 받을 수 없고 차마 말로 표현할 수 없으리라. 그리고 그 고통은 우리가 느끼는 그 어떤 통증보다 클지도 모른다.

　건강한 사람의 경우에는 어딘가에 부딪히거나 다치게 되면 해당 부위에 통증을 느낀다. 그래서 그 부위를 소독하기도 하고 연고와 반창고를 발라 응급 처치를 실행하며, 종종 의사의 처방에 따라 항생제를 먹고 감염이 전신으로 퍼지는 것을 예방하기도 한다. 너무나도 당연하게 여겨지는 이러한 상식적인 행위가 가능한 이유는, 아이러니하게도 우리가 통증을 느낄 수 있기 때문이다. 그래서 통증을 느낄 수 있다는 것은 축복일지도 모르는 것이다. 통증을 느끼지 못한다면, 다친 부위에 대한 응급 처치의 부재로 인해 이차 감염까지 진행될 가능성이 높다. 그래서 한센병 환자들은 무언가에 감염이 되어도 상처나 염증으로 인한 통증을 느끼지 못하므로 결국 살이 썩어 문드러지고 나서야 직접 눈으로 보고 인지하게 된다. 통증은 건강한 몸의 일차 적색 신호다. 그러므로 건강한 사람이란 전혀 아프지 않는 사람이 아니라, 다쳤을 때 통증을 제대로 느낄 수 있는 사람이라고 표현할 수 있다. 통증이 신의 선물이라는 말, 감사의 제목이 될 수 있다는 말, 축복일지도 모른다는 말, 이제는 조금 더 이해가 되었으리라 생각한다.

우리의 일상을 몸에 비유한다면, 통증과 같은 적색 신호는 무엇일까? 통증이 있기 위해서는 먼저 통증을 유발하는 인자가 있어야 한다. 일상에서의 통증 유발 인자는 일상을 망가뜨리는 무언가다. 소중한 일상은 표면적으로는 다람쥐 쳇바퀴처럼 공허하고 무료하고 무의미한 무한 반복으로 이루어져 있는 것처럼 보인다. 그러나 우리의 삶에서 가장 커다란 비중을 차지하는 생활 또한 일상이다. 혹 뭔가 특별한 일을 위해서 우리가 인생을 살아가는 것 같고, 그 특별한 일을 위해 일상이 소비되는 것처럼 여겨질지도 모르나, 그런 사람에게서도 일상이 인생의 베이스캠프 역할을 한다는 점은 부인할 수 없는 사실일 것이다. 특별한 일을 위해 길을 나서는 곳도 일상이고, 그 일을 마치고 돌아오는 곳도 바로 일상이다. 특별한 일 없는 인생은 존재해도 일상 없는 인생은 존재하지 않는다. 그러므로 일상에서 행복과 기쁨과 감사를 느끼지 못한다면, 그 삶은 결코 건강하다고 말할 수 없을 것이다. 나는 이러한 우리의 일

상을 망가뜨리는 요인들 중 아주 중요하다고 여겨지는 한 가지를 꼽아본다. 바로 '감사의 부재'다. 감사가 빠진 행복과 기쁨은 공허하고 마취적이다. 그러나 일상에서 감사가 회복된 삶은 굳이 행복과 기쁨을 얻고자 애쓰지 않아도 그런 것들을 자연스럽게 느낄 수 있지 않을까 싶다. 알고 보니 행복은 주위에 있었다는, 어디서 들어봄직한 말도 모두 감사의 회복과 관계가 있다. 일상에 눈을 뜨게 되는 것은 감사가 회복되는 순간이다. 이런 면에서 감사가 상실된 일상이 통증을 느끼지 못하는 몸의 상태와 다르지 않을 거라는 생각도 비로소 설득력을 얻게 된다.

그리스도인은 하나님의 전적인 은혜로 용납 받고 용서 받은 사람들이다. 하나님 자녀가 되었다면 죽었다가 살아난, 소위 거듭난 인생이 시작된 것이다. 회심한 그리스도인들은 그 거듭남의 의미를 공개적으로 선포하고 스스로 체감하는 의식으로 세례를 받는다. 장로교의 경우 머리에 물을 뿌리는 행위 정도로 간소화되어 있지만, 내가 경험한 미국 남침례교에서는 야외에 있는 호수에서 마치 뒤로 쓰러지듯 온몸이 등과 뒤통수부터 물속으로 잠겼다가 이내 다시 이마와 가슴부터 물 밖으로 나오게 되는 의례를 행한다. 서로 다른 두 세례 방법은 모두 같은 의미를 가지지만, 적어도 나에게는 온몸이 물속에 잠겼다가 나오는 행위는 무릎을 꿇은 채 약간의 물이 머리카락을 적시는 행위보다 거듭남의 의미가 더 크게 다가왔다. 실제로 물속에 온몸이 잠긴 그 일초 정도의 순간 나는 죽었던 것이고, 외부의 전적인 도움으로 다시 물 밖으로 나오며 살아난 것이었다. 죽었다가 살아났다는 의미는 감사할 수밖에 없는 삶이 시작되었다는 의미다. 특히, 내 힘으로는 절대 살아날 수 없었다는 점, 즉 우리는 우리의 죄 문제를 그 어떤 노력을 기울여도 스스로 해결할 수 없다는 점, 구원은 전적으로 외부로부터 온다는 점, 그리고 그 구원은 유일한 중보자 되시는 그리스도 예수를 통해서만 가능하다는 점을 배우고 깨닫고 믿어졌다면, 다시 시작된 제 2의 인생을 감사함 없이는 살아낼 수 없을 것이다. 죽었던 우리를 살리신 하나님, 그분의 은혜로 모든 회심한 그리스도인은 새로운 삶을 얻었다. 예전의 '나'는 죽고 새로운 '나'가 산다. 그리고 여기서 새로운 '나'는 곧 '감사하는 그리스도인'이어야 마땅할 것이다. 덤으로 얻은 삶은 감사라는 엔진이 부착된 제 2의 삶이다. 감사가 빠진 일상을 살아가는 그리스도인은 곧 이벤트성 신자, 소위 'Sunday Christian'과 같다. 그리고 그마저도 무감각하게 된 그리스도인들의 상태는 곧 통각을 상실한 한센병 환자들의 몸 상태와 다르지 않을지도 모른다. 부디 이 책을 읽는 모든 이들의 일상에 감사가 회복되기를 간절히 소원한다.

알츠하이머   Alzheimer's Disease

치매, 노망 등 여러 이름으로 불리는 뇌질환 중 가장 흔한 경우는 '알츠하이머병'이다. 65세 이후 발병률이 급격하게 증가하는 이 질환은 퇴행성 질환으로써 서서히 뇌세포가 기능을 상실하며 죽어가는 병이다. 보통 젊은 나이임에도 불구하고 기억력이 감퇴되면 치매에 걸린 게 아닐까 하는 조심스런 의문을 가지기도 하는데, 가끔 순간적으로 기억을 잘 못하는 것은 스트레스나 여러 심리적인 요인으로 인해 일어나기도 하는 아주 자연스러운 현상이기 때문에 본인의 그 증상만으로 섣불리 알츠하이머라고 결론지을 수는 없다. 알츠하이머 환자는 기억력 감퇴는 물론, 언어장애, 사고능력 저하, 학습능력 저하 등의 인지장애와 혼란, 우울증, 조울증 등의 심리장애가 반드시 뒤따른다. 그리고 알츠하이머라고 공식적인 진단을 받게 되기까지는 일반적으로 많은 시간이 소요된다. 어떤 특정한 한 가지 이유가 발병 원인으로 규명되지 않았기에 여러 인자들을 종합해서 결론을 내려야하기 때문이다. 그리고 그 여러 인자들이란 오랜 시간에 걸쳐 서서히 진행되어온 의학적 자료들이기 때문에, 알츠하이머에 걸렸다고 해서 곧바로 공식 진단을 선고받진 않는다. 그래서 알츠하이머 선고를 받게 되었다면, 이미 꽤 진행이 된 상태일 가능성이 높다. 이 질환은 자연스러운 노화 과정이 아니기 때문에 누구나 걸리는 것은 아니다. 그렇다고 해서 어떤 사람이 이 질병에 걸리게 되는지 아직 현대 과학과 의학으로도 알아내지 못했다. 원인이 무엇인지조차 여러 가설이 제기되고 있을 뿐 묘연한 상태다. 더욱 불행한 점은 치료법이 없다는 사실이다. 알츠하이머 판정을 받게 되면 서서히 뇌와 관련된 여러 장애들을 하나둘씩 겪다가 어느 순간 간병인의 도움 없이는 생활이 불가능한 상황에 이르게 되고 급기야 사망에 이른다. 통계를 보면 알츠하이머 환자들의 평균 수명은 진단 후 10년을 넘지 않는다.

대학원생 시절에 알츠하이머에 대해 배우면서 가장 놀라웠던 사실 한 가지는 알츠하이머 환자들이 겪는 기억 상실에 관한 부분이었다. 사람들이 어떤 커다란 트라우마Trauma를 겪고 나면 기억 상실증에 걸리기도 하는데, 알츠하이머의 경우에는 아무런 트라우마 없이 어느 날 갑자기 하나둘씩 기억을 잃어버리다가 마침내 모든 것들이 뒤죽박죽 되어버리는 상황을 운명처럼 맞이하게 되는 것이다. 머릿속으로 이런 질환에 걸리는 것을 처음 상상했을 때의 충격이 아직도 생생하게 기억이 난다. 나에게 처음 다가온 알츠하이머에 대한 정보는 그렇게 서늘하고 어두웠다. 그 중에서도 가장 충격을 준 항목이 있었는데, 그것은 기억 상실의 시작이 오래된 기억부터가 아니라 최근 기억부터라는 사실이었다. 언젠가 보았던 배우 손예진과 정우성이 주연했던 영화 〈내 머리 속의 지우개〉에서 손예진이 열연했던 장면 중에, 현재 남편을 옛 애인으로 착각하는 장면이 나온다. 그 순간 나는 그만 울음을 터뜨리고 말았다. 과학적 지식으로만 알던 정보를 그 영화가 내 손에 잡히고 몸으로 느낄 수 있도록 해주었기 때문이다. 그 이후로 주위에서 부모님이나 조부모님이 알츠하이머로 고생하신다는 지인의 소식을 들을 때면, 예전보단 그나마 조금 더 공감할 수 있게 된 것 같다.

2020년을 시작하면서 새로이 다짐한 것이 하나 있었다. 매일 가족과 함께 두세 장씩 성경을 읽어나가는 것이다. 피치 못할 사정이 있었던 며칠 정도만을 제외하면, 거의 매일 자기 전 아들 방에 모여 약 20분씩 성경을 읽는다. 보통은 아내가 소리 내어 읽고, 아들은 조용히 듣고, 나는 성경을 눈으로 따라 읽으며 듣는다. 이제는 습관이 되었고 일종의 의식이 되었다. 나는 이 시간이 참 좋고 매일 기다려진다. 더욱이 영어로 읽으니 한글로 읽을 때와는 다른 맛이다. 한글로 읽을 때는 어려워서 도통 무슨 뜻인지 모르고 넘

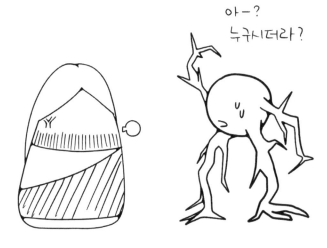

어가던 적이 많았는데, 영어로 읽으니 의외로 이해가 잘 된다. 한글 번역본의 경우 대부분 어려운 한자어나 더 이상 쓰지 않는 고어들의 사용이 이해를 방해했던 것으로 생각된다. 이렇게 매일 가족과 성경을 읽으면서 특히 "Remember"라는 단어가 새롭게 다가왔다. 이 단어를 읽고 묵상하며 순간 내 머리 속 어딘가에 저장되어있던 알츠하이머에 대한 희미한 기억이 불현듯 떠올랐다. 기억하라는 하나님의 명령. 그러나 자꾸만 잊어버리는 이스라엘 백성. 이 관계를 보며 알츠하이머가 떠올랐던 것이다. 알츠하이머에 걸린 것도 아닌데, 게다가 하나님이 명령어를 사용하시며 말씀하셨는데도 불구하고, 이스라엘 백성은 계속해서 잊어버렸고, 자신들이 판단했을 때 옳은 대로 행하거나 하나님이 아닌 우상을 좇았다. 이 행태는 구약이 끝날 때까지 반복되다가 예수님이 세상에 오셨을 때에야 중단이 된다. 예수님은 참 이스라엘로서 하나님의 약속을 온전히 기억하고 성취하신 유일한 분이시기 때문이다.

"네 하나님 여호와께서 너를 인도하여 내실 때에 네가 본 큰 시험과 이적과 기사와 강한 손과 편 팔을 기억하라. 네 하나님 여호와께서 네가 두려워하는 모든 민족에게 그와 같이 행하실 것이요" (신명기 7:19)

하나님은 모세를 통하여 출애굽 시킨 이스라엘 백성들에게 끊임없이 말씀하신다. 기억하라고 말씀하신 구약의 몇 구절을 뽑아 보면 다음과 같다. 유독 신명기에 출애굽 사건을 기억하라는 말씀이 많이 나온다(신명기 5:15, 7:18, 7:19, 8:2, 15:15, 16:3, 16:12, 24:18, 24:22).

"너희는 내가 호렙에서 온 이스라엘을 위하여 내 종 모세에게 명령한 법 곧 율례와 법도를 기억하라" (말라기 4:4)

신명기 이후에 나오는 구약성경에도 기억하라는 말씀은 이어진다. 하지만 출애굽 사건에 대한 기억이라기보다는 하나님이 이스라엘 백성과 맺으신 언약과 그들에게 하신 역사를 기억하라는 말씀이 돋보인다(역대상 16:12, 역대상 16:15, 이사야 46:9, 에스겔 16:60, 말라기 4:4). 그런데 구약을 읽을 때마다 놀라는 사실이지만, 이스라엘을 구속하신 하나님께서 이렇게나 많이, 그리고 직접 기억하라는 말씀을 주셨음에도 이스라엘 백성들은 끝내 그 말씀에 순종하지 못한 채 실패하고 만다. 마치 이스라엘 백성들이 모두 알츠하이머에 걸리기라도 했던 것처럼 말이다. 그러나 이스라엘 백성의 기억 상실은 병에 걸려 어쩔 수 없이 벌어진 일이 아니었다. 의도적이고 이기적이었다. 기억 상실을 당한 게 아니라 뻔뻔스럽게도 스스로 기억 상실을 선택한 것이었다. 그리고 이렇게 알츠하이머에 걸리지 않았는데도 기억에 실패한 이스라엘 백성들의 모습으로부터 나는 오늘날 스스로 그리스도인이라 여기는 우리 모습의 일면을 본다.

우리가 살아가는 지금은 예수님이 이 땅에 오신 지 2020년이 흘렀다. 그분은 그리스도로서 구약부터 이어진 이스라엘 이야기의 완성이시며, 하나님의 약속을 성취하신 참 제사장, 참 선지자, 참 왕이시다. 그분은 모든 걸 기억하셨다. 구약성경을 통해 배운 그대로 하나님의 약속을 믿고 언약을 기억하며 하나님의 뜻을 이루셨다. 의도된 기억상실 같은 초라하기 짝이 없는 행동은 하지 않으셨다. 구약의 이스라엘 백성들이야 예수님이 오시기 전이었다는 이유를 그들의 기억상실의 핑계로 댈 수도 있겠지만, 오늘날 그리스도인들은 그런 핑계도 불가능하다. 이미 하나님께서는 예수님을 통하여 하나님 나라를 직접 보여주셨으며, 자기 뜻대로가 아닌 하나님 뜻대로 산다는 것의 의미와, 비로소 구약의 이스라엘 이야기가 완성되었다는 사실을 성육신하신 예수님을 통해 우리에게 보여주셨다. 그리고 우리는 이러한 사실들을 성경을 통해 배워서 잘 알고 있고 믿음으로 고백하고 있다. 그럼에도 불구하고 오늘날의 우리 그리스도인들은 예수님 이전의 구약의 이스라엘 백성들과 마찬가지로 하나님의 언약과 우리를 구속하셨던 은혜를 자꾸만 잊어버린다. 예수님을 만난 이후 제 2의 인생을 시작하게 된 사람조차도 얼마 지나지 않아 감격스러웠던 하나님의 크신 사랑을 서서히 잊어버리게 된다. 우리 역시 엄연히 알츠하이머 환자가 아닌데 말이다.

의도된 기억상실. 나는 이 단어를 사용하면서 다시금 소위 '원죄'라는 개념을 묵상해본다. 무엇이 옳은지 무엇이 선한지 무엇이 하나님이 원하시는 것인지 알면서도 의도적으로 자신에게 옳고 자신에게 선하고 자신이 원하는 것을 선택하고야 마는 심리 기작에서 나는 창세기 3장사건, 즉 선악과를 따먹고 선악을 알게 된, 그래서 더 이상 하나님 기준에서의 선악이 아닌, 내 기준에서의 선악을 분별하게 된 첫 반역과 죄의 시작을 생각해본다. '나 중심의 선악 분별'을 다른 말로 하면, 내게 유익을 가져다주는 것은 곧 선이고 내게 해를 가져다주는 것은 악이 된다는 말이다. 그리고 개인의 유익은 저마다 다르기 때문에 선악의 분별이 자기중심으로 제멋대로 변질되어버린 사건이 곧 창세기 3장 원죄 사건의 본질이라는 해석에 나는 전적으로 동의한다. 하나님 중심이 아닌 나 중심의 삶이 하나님 형상으로 지음 받은 인간의 본질 속으로 침투해버린 사건이 곧 원죄 사건의 본질일 수 있는 것이다. 의도된 기억상실의 뒷면에는 자기중심적인 삶, 즉 자기애와 교만이 있다. 자기애와 교만이 원죄의 다른 이름이라면 인간의 죄의 뿌리는 의도된 기억상실이라는 열매를 맺고야 말았던 것이다. 그리고 이런 인과관계가 구약의 이스라엘 백성들과 시공간을 비롯한 여러 면에서 전혀 다른 21세기 한국에 적을 두고 사는 우리들에게도 그대로 유효하다는 점은 의도된 기억상실이라는 열매가 모든 인간에게 공통적으로 나타나는 메커니즘이라는 사실까지도 알려주는 듯하다. 우리 인간은 모두 타자보다 나를 더 중시한 나머지 진리를 알고도 모른 척하며 살아가는 모순덩어리일지도 모른다.

　이런 면에서 예수님의 복음과 하나님 나라의 비밀을 연결시켜보면, 예수님을 닮는 삶이란 그리고 하나님 나라를 살아내는 삶이란 곧 '기억하는 삶'이라고 해도 과언이 아닐 것 같다. 자신의 유익을 최우선시하여 비밀스럽고도 의도적으로 하나님의 공의와 정의를 모른 척하며 살아가는 삶에서 해방되어 오히려 주어진 자유의 힘을 다하여 하나님을 기억하려고 애쓰며 기억한 것을 잊지 않고 살아내기 위해 머리에서 몸으로의 전달과정을 끊임없이 수련하는 삶. 예수님의 복음과 하나님 나라의 비밀이 체질화되고 습관화되도록 부단히 하나님과 방향을 맞추려고 노력하는 삶. 바로 이런 삶이 믿고 바란다는 의미의 참된 '신앙생활'이 아닐까? 성경을 꾸준히 읽어야 하는 이유도 어쩌면 기억하는 삶의 연장선상에서 찾을 수 있을 것이고, 우리의 정체성과 사명 역시 구약의 이스라엘과 예수님과 하나님 나라라는 커다란 이야기를 기억함으로써 찾을 수 있을 것이다.

소시오패스   Sociopath

'사이코패스Psychopath'를 대신해서 사용하기도 하는 '소시오패스'는 '공감능력장애'라고 알려진 증상을 일컫지만, 정확한 의학 용어는 아니다. 두 용어 모두 타자와 세상에 대한 공감과 소통을 정상적으로 할 수 없는 증상을 나타내지만, 똑같은 뜻을 가지지는 않는다. 사이코패스는 선천적인 장애로 이해하면 된다. 뇌에서 감정을 조절하는 부분에 문제가 생겨 나타나는 질환이기 때문이다. 그래서 이 단어는 공식 의학 진단명으로 사용된다. 반면, 소시오패스는 후천적으로 그러니까 어떤 트라우마처럼 기억에 잊혀지지 않을 강한 자극에 의해서 나중에 습득된 장애를 의미한다고 이해하면 된다. 소시오패스는 어떤 유전적이거나 선천적인 물리적 장애가 아닌 후천적인 기능적 장애인 셈이다. 이 정도면 사이코패스와

소시오패스, 이 헷갈렸던 두 단어를 구분하는 데에 도움이 되지 않을까 한다.

문명이 발달하고 핵가족화 되면서 개인주의적이고 이기주의적인 행태는 피할 수 없는 결과였다. 대가족 시대에는 자라면서 가족 내에서 거의 모든 인생의 다반사를 직간접적으로 듣고 보고 체감할 수 있었다. 게다가 옆집에도 대가족, 앞집에도 대가족, 뒷집에도 대가족들이라, 어지간해선 살아가면서 경험할 수 있는 모든 희노애락喜怒哀樂을 원하지 않아도 가까이서 대면할 수밖에 없었다. 어릴 때부터 자연스럽게 복잡한 관계에 노출되었던 것이다. 그래서 개인적인 계획이나 그 계획을 성취하기 위해 개인적으로 노력하는 시간보다는 가족 구성원 중 누군가의 인생에 의해 영향 받으며 어쩔 수 없이 인생은 개인 중심이 아닌 타자와의 관계 위주로, 그리고 자신의 욕망보다는 상호 간의 관계에서 발생하는 욕망이 반영될 수밖에 없는 삶이었다. 그러다보니 '공감共感'이란 특별히 노력해야 얻을 수 있는 그 무엇이 아니라, 살면서 너무나도 자연스레 체득되어지는 그 무엇이었다.

선천적, 즉 유전적인 이유로 생겨나는 사이코패스의 경우는 후천적이고 문화적인 이유로 생겨나는 소시오패스와는 달리 아무래도 시대의 영향을 덜 받았을 것이다. 그러나 소시오패스는 오늘날 그 어느 때보다도 경쟁적이고 자본주의적이며 개인주의적이고 이기적인 시대를 사는 우리들 문화의 어두운 단면을 대변한다고 해석해도 무방하지 않을까 싶다. 이 단어가 사람들에게 널리 알려지기 전에도 이 장애를 겪는 사람들이 존재했겠지만, 수년 전부터 범죄소설이나 영화에까지 심심찮게 이용될 정도로 이 단어가 유행하고 있다는 점은 분명 이 시대가 가진 무시 못 할 특징 중 하나일 것이다.

복음의 시작은 예수님이 아닌 아브라함이었다. 창세기 3장부터 11장까지의 인간의 반역과 죄, 그것들의 무참한 결과들을 뒤로 하고, 12장에서 하나님은 아브라함을 부르셔서 모든 민족이 아브라함을 통해 복을 얻을 것이라는 말씀을 주신다. 복음의 시작이었다. 그러나 하나님은 아브라함을 부르신 이유를 12장에서 밝히지 않으셨다. 그 이유는 18장 19절에 처음 소개된다.

"내가 그로 그 자식과 권속에게 명하여 여호와의 도를 지켜 의와 공도를 행하게 하려고 그를 택하였나니 이는 나 여호와가 아브라함에게 대하여 말한 일을 이루려 함이니라." (창세기 18:19)

하나님이 아브라함을 부르신 이유는 여호와의 의와 공도를 행하기 위함이었다. 여기서 사용된 '의義'는 다른 본문에서 '공의公義'로 번역되는 단어로써 히브리어 '쩨다카꺄꺄'를 의미하며, '공도公道'는 다른 곳에서 '정의正義'로 번역되는 단어로써 히브리어 '미슈파트ᵒꝭꝭᵖ'를 의미한다. 공의에 대한 해석으로써 신학자 김근주 교수는 다음과 같이 풀이했다.

"구약의 핵심 메시지 하나는 '공의'다. '공의'로 번역되는 히브리어는 '마음을 같이함', 즉 '공감'이라고 해석해 볼 수 있다. 이웃과 마음을 같이하는 것도 공감이지만 더 본질적인 의미는 하나님 마음에 공감하는 것이다. 하나님은 끝까지 우리를 포기하지 않으신다. 계속해서 돌아설 것을 촉구하신다. 그런 하나님 마음에 공감하고 하나님 나라 백성으로 살아가는 게 공의다."

'공의'라는 낯선 단어가 '공감'이라는 낯익은 단어로 이해되는 순간 나는 전율을 느꼈다. 구약의 핵심 메시지가 비로소 피부에 와닿는 것 같았다. 말씀이 깨달아진다는 것이 이런 것이 아닐까 싶었다. 여호와의 공의를 실현하라는 말은 멋쩍어 보이고 듣기에는 거룩해 보일지 몰라도, 사실 나는 그게 무슨 의미인지 언제나 아리송한 상태였다. 그러나 공감이라는 단어로 해석되는 순간, 더 이상 여호와의 공의를 실현하는 삶은 저 멀리 손에 잡힐 듯 말 듯 한 애매한 의미로 남아 있는 동시에 어떤 특별한 사람만 행할 수 있는 특별한 행위가 아니었다. 나도 할 수 있는 일이었다. 모두가 할 수 있는 일이었다. 그때 나는 갑자기 하나님 나라를 살아낼 수 있겠다는 확신이 생겨났고 눈이 열리는 것 같았다.

예수님은 성경을 두 가지로 요약하셨다. 바로 '하나님 사랑과 이웃 사랑'이다. 이는 구약의 율법이 나타내는 모든 의미를 함축한다. 여기서 사랑이라는 단어 대신 공감이라는 단어를 넣어보면 조금 더 의미가 와 닿는다. 사랑하라는 말보다는 공감하라는 말이 조금 더 명료하기 때문이며 구체적이기 때문이다. 기독교가 사랑의 종교라는 말은 비그리스도인도 한 번 쯤은 들어보았을 만큼 널리 알려져 있다. 여기에서도 공감이라는 단어로 사랑을 이해해보면 좀 더 손에 잡히는 메시지가 된다. 이웃을 사랑하라는 막연한 말보다 이웃을 공감하라는 말이 더욱 실천 가능하게 들리기 때문이다. 공감은 먼저 들어야 한다. 듣기 위해서는 입을 다물어야 한다. 즉 나를 내려놓아야 이웃의 소리를 들을 수 있다. 듣는 마음에 대해선 솔로몬이 하나님께 구한 기도가 도움이 된다. 솔로몬이 하나님께 구한 것이 지혜라고 흔히들 알고 있지만, 그 지혜는 우리가 생각하는 그런 지혜가 아니다. 그 장면이 기록된 열왕기상 3장 5~10절을 보면 다음과 같다.

"기브온에서 밤에 여호와께서 솔로몬의 꿈에 나타나시니라 하나님 이 이르시되 내가 네게 무엇을 줄꼬 너는 구하라. 솔로몬이 이르되 주의 종 내 아버지 다윗이 성실과 공의와 정직한 마음으로 주와 함 께 주 앞에서 행하므로 주께서 그에게 큰 은혜를 베푸셨고 주께서 또 그를 위하여 이 큰 은혜를 항상 주사 오늘과 같이 그의 자리에 앉 을 아들을 그에게 주셨나이다. 나의 하나님 여호와여 주께서 종으 로 종의 아버지 다윗을 대신하여 왕이 되게 하셨사오나 종은 작은 아이라 출입할 줄을 알지 못하고 주께서 택하신 백성 가운데 있나 이다. 그들은 큰 백성이라 수효가 많아서 셀 수도 없고 기록할 수도 없사오니 누가 주의 이 많은 백성을 재판할 수 있사오리이까. 듣는 마음을 종에게 주사 주의 백성을 재판하여 선악을 분별하게 하옵소 서. 솔로몬이 이것을 구하매 그 말씀이 주의 마음에 든지라." (열왕 기상 3:5~10)

우리가 보통 구하는 지혜는 부와 명예와 권력을 얻기 위한 수단 이다. 오로지 자신의 성공과 출세 혹은 번영을 위함이다. 그러나 솔로몬이 구한 지혜는 그러한 사적인 목적과는 정반대의 것이었 다. 전지전능하신 하나님이 무엇이든지 구하라는 그 절호의 기회

앞에서 솔로몬은 자신의 유익을 전혀 생각하지 않았다. 홀로 저 높이 빛나는 소시오패스가 되기를 원하지 않았다. 그는 백성을 바르게 재판하기 위하여 듣는 마음과 분별하는 능력을 구했다. 하나님의 정의와 공의를 실현하기 위함이었다. 왕이라는 직분으로 하나님 나라를 현실에서 살아내기 위해 가장 중요한 일이 바로 재판이었다. 이것은 자신의 유익에 따라 선과 악을 구별하던 죄악 된 세상으로부터 벗어나 다시 하나님만이 선악을 분별하실 수 있는 유일한 분이라는 전제를 회복한 사건이었다. 그리고 그 회복된 전제 위에서 백성의 말을 들은 뒤 하나님의 뜻에 따라 정의롭고 공의로운 재판을 하기 위함이었다. 듣는다는 것은 말하는 행위와 비교하면 수동적인 뉘앙스가 강하지만, 솔로몬의 듣는 마음은 적극적인 행위였다. 이는 하나님 마음에 합한 통치로 하나님 나라를 이 땅에서 실현하기 위한 왕의 바른 자세였다. 어쩌면 소시오패스는 시대의 흐름에 수동적으로 휩쓸려 가게 되면 필연적으로 습득되게 되는 인간의 속성이 아닐까? 그래서 우리는 소시오패스가 되지 않기 위해 적극적으로 하나님께 구해야 하지 않을까? 솔로몬이 구했던 것처럼, 우리 역시 이웃을 공감하고 하나님의 마음을 공감하는 삶을 위해 끊임없이 구해야 하지 않을까? 그래야 비로소 그리스도인이라고 말할 수 있지 않을까?

재판은 억울한 자에게는 구원의 선포를, 악한 자에게는 합당한 처벌을 내리는 행위이다. 정의와 공의가 실현되는 통로이다. 또한 한 사람의 생과 사에 치명적인 영향을 미칠 수도 있는 행위이기 때문에 재판을 행하는 자는 반드시 지혜로워야 한다. 그러나 선악과를 따먹고 눈이 밝아진 인간은 선과 악조차 자신의 유익에 따라 마음대로 판단하게 되었다. 기준이 상실된 시대, 대신 그 기준이 사사기의 마지막 절, "그 때에 이스라엘에 왕이 없으므로 사람이 각기 자기의 소견에 옳은 대로 행하였더라"에서처럼 주관적으로 바뀌었고, 그곳에 인간적인 힘의 논리가 들어가 결국 강한 자의 논리에 따라 선악이 판단되는 시대에 우리는 살고 있다. 이런 세상에서는 권모술수와 돈과 권력의 정치적인 힘에 의해 재판의 결과가 언제든지 그르게 나올 수밖에 없는 상황이 비일비재하게 된다. 이때 필요한 것이 바로 '듣는 마음'인 것이다. 억울한 자, 소외된 자, 가난한 자, 즉 소수자와 약자들의 소리를 듣는 마음. 약육강식과 승자독식의 세상에서 하나님 마음에 합한 바른 분별을 위해서는 꼭 필요한 마음일 것이다. 그래서 우리는 구하면 후히 주시는 하나님께 지혜를 구해야 한다. 분별하는 마음을 구해야 한다. 듣는 마음을 구해야 한다. 귀를 열어달라고 구해야 한다. 이는 먹을 것과 입을 것을 구하기 전에 먼저 그의 나라와 그의 의를 구하라는 마태복음 6장 33절 말씀의 성취로도 이어질 것이다. 그래서 나는 서로 경청하는 평등하고 정의로우며 사랑이 넘치는 공동체를 꿈꾼다. 여호와의 공의가 우리의 능동적인 듣는 행위로 인한 이웃과 하나님에 대한 공감으로 실현되기를 꿈꾼다.

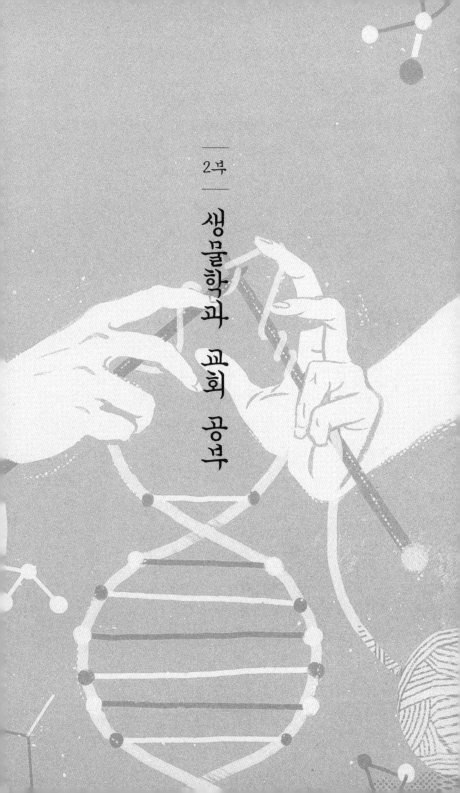

2부

생물학과 교회 공부

미세환경   Microenvironment

심장이 멈추는 날 함께 멈추는 것은 호흡만이 아니다. 온몸 구석
구석까지 뻗어있는 혈관을 타고 움직이던 혈액도 함께 멈춘다. 평
생 쉬지 않고 달려온 혈액의 놀라운 점 한 가지는, 죽는 날까지 일
정한 수준으로 생성과 소멸을 반복한다는 사실이다. 숨이 멈추는
바로 그날까지 혈액을 가득 채우고 있는 혈구들은 하루도 거르지
않고 죽어나가며 또 새롭게 만들어진다. 그러면서도 일정한 혈구
수를 유지하며 일정한 부피의 혈액을 유지한다. 21세기의 생명과
학으로도 아직 다 밝혀내지 못한 생명의 신비다. 다른 장기들과는
달리 혈액은 어떤 특정한 위치를 가지지 않는다. 그러나 혈액이
만들어지는 장소는 정해져 있다. 바로 골수다. 뼈 안에서 피가 만
들어진다. 뼈는 단순히 몸을 지지하는 역할만을 하는 게 아니다.

모든 피를 만들어내는 아주 중요한 장소다. 모든 다른 세포들과 마찬가지로 모든 혈구 역시 줄기세포로부터 만들어진다. 조혈모세포Hematopoietic Stem Cell라고 불리는 이 성체줄기세포가 존재하는 장소가 바로 골수다. 골수는 조혈모세포의 집인 셈이다. 안전가옥이다. 따라서 모든 피가 골수에서 만들어지는 근본적인 이유는 조혈모세포가 골수 안에 존재하기 때문이다.

내가 연구하는 주제 중 하나는 뼈 안에 존재하는 미세환경의 역할을 규명하는 일이다. 골수는 여러 가지 세포들로 이루어져 있는데, 혈구 이외에도 수많은 다양한 세포들이 존재한다. 조혈모세포의 입장에서 볼 때, 즉 혈액 생성의 관점에서 볼 때, 미세환경이란 곧 이렇게 다양한 세포들을 뜻한다. 이 세포들의 존재와 기능이 연구해야 할 만큼 중요한 이유는 이들이 조혈모세포의 유지에 있어서, 즉 혈액 생성에 있어서 없어서는 안 될 역할을 하기 때문이다. 씨앗과 토양의 관계에 대한 비유는 골수 안에서 벌어지는 혈액 생성을 이해하는데 도움이 된다. 즉, 좋은 씨앗이 좋은 땅에 떨어져 좋은 열매를 맺는다고 할 때, 골수 안에 존재하는 조혈모세포는 씨앗에, 미세환경은 땅에 비유할 수 있다. 이때 좋은 열매는 건강한 혈액일 것이다. 백혈병과 같은 대부분의 혈액암이 발생하는 원인은 나쁜 씨앗, 즉 조혈모세포나 그에 상응하는 미성숙 세포에서 돌연변이가 발생하기 때문이다. 좋은 땅이 뒷받침되는 상황임에도 불구하고 씨앗이 좋지 못하여 나쁜 열매를 맺는 경우다.

이때 혈액암은 나쁜 열매에 비유될 수 있다. 그러나 아주 드문 확률로, 좋은 씨앗인데도 불구하고 좋은 열매를 맺지 못하는 경우가 있다. 좋은 땅의 부재 때문이다. 아무리 좋은 씨앗이라도 나쁜 땅에 떨어지면 좋은 열매를 맺지 못할 가능성이 높아진다. 이는 뼈 안에 존재하는 조혈모세포와 미세환경의 역동적인 상호 관계를 알 수 있는 중요한 단서가 된다.

흔히 암이라고 하면 암세포만을 문제라고 여긴다. 씨앗만을 탓하는 입장이다. 그러나 실상은 그렇지 않다. 우리 몸은 수많은 기능을 가진 세포들의 오케스트라와 같다는 사실을 기억할 때, 세포가 머무는 환경도 중요하다는 사실을 결코 간과해서는 안 된다. 씨앗만이 아니라 토양도 중요하다. 나쁜 땅이 나쁜 씨앗을 만들 수 있듯, 나쁜 환경이 나쁜 세포를 만들 수 있다. 좋은 열매는 좋은 씨앗과 좋은 토양, 즉 미세환경과 정상세포의 원활한 교류에서 기인한다. 건강한 혈액은 건강한 조혈모세포 혼자만의 독주가 아닌 뼈 안의 건강한 미세환경과의 조화로운 합주인 것이다. 사람에게 있어서 환경이라 함은 자연이나 국가, 작게는 도시나 이웃일 수 있겠지만, 세포에게 있어 환경은 또 다른 세포들이다. 뼈 안에 있는, 즉 골수에 존재하는 조혈모세포의 환경은 골수를 이루는 다양한 세포들이다. 이를테면, 뼈를 만드는 세포, 골수 내 혈관을 만드는 세포, 또 그 혈관을 감싸고 있는 세포 등이다. 그 동안 생물학자들은 이러한 골수의 미세환경을 이루는 세포들의 기능을 제거하거나 저하시켜 어떻게 조혈모세포가 반응하고 몸 전체 혈액에 결과적으로 어떤 변화를 일으키는지에 대한 실험을 진행해왔다. 그 결과 어떤 하나의 특정 세포가 아니라 여러 다양한 세포들이 조혈모세포의 건강에 영향을 주고 있다는 사실을 밝혀냈다.

나는 이러한 미세환경의 중요성에서 오늘날 우리가 경험하고 있는 기독교의 또 하나의 단면을 엿본다. 오늘날은 역사적으로 그 어느 때보다도 기독교가 많은 비판을 받는 시대다. 그리고 그 비판의 화살은 대부분 어떤 특정한 한 사람을 향한다. 정치에서와 같은 양상이다. 마치 그 한 사람만 사라지면 문제가 해결될 것처럼 여론이나 분위기가 쉽게 형성되곤 한다. 우리나라의 경우는 대부분 목회자가 표적이 된다. 그러나 과연 그 한 사람만의 문제일까? 그렇지 않을 것이다. 그 한 사람이 암세포라고 한다면, 분명 그 암세포를 암세포로 만들거나 암세포답게 마음껏 성장하도록 지지해준 환경이 존재할 것이다. 만약 그 암세포가 타락한 목회자라면, 환경은 아마도 그 목회자를 지지하는 여러 층위의 평신도들이거나 이미 그 길을 먼저 걸어간 선배 신앙인들일 가능성이 높다. 앞서 설명한 것처럼, 혈액암은 나쁜 씨앗만이 아닌 나쁜 토양때문에 생길 수 있다. 나쁜 토양에 떨어진 좋은 씨앗이 나쁜 씨앗으로 양육, 변질되어 나쁜 열매를 맺을 수도 있다는 말이다. 혹시 이 경우가 우리가 발을 딛고 있는 한국 기독교의 상황을 설명하는 데에 있어 부족했던 하나의 보충 설명이 될 수 있진 않을까? 이 관점은 대세를 거스를 수도 있는, 조금은 충격적인 해석을 선사해 줄지도 모른다. 그러나 교회도 살아있는 유기체와 같다면, 단순히 한 사람만을 탓하는 관점보다는 공동체 전체 조화로움의 파괴라는 관점이 더 현실적이고 정답에 가까운 해석일지도 모른다. 언제나 한 사람만을 탓하는 분위기는 쉽게 대세가 되곤 한다. 한 사람을 희생양 삼는 순간, 나머지 유력한 용의자들이 자연스레 구원받게 되는 커다란 구멍이 생기는데, 이런 논리로 이 흐름을 이해하면 어떨까?

어쩌면 문제의 핵심은 암세포가 아니라 그 암세포를 설계하고 배양한 토양에 있을지도 모른다. 그 오염된 토양에는 그 어떤 정상세포가 안착하더라도 암세포나 암세포와 상응하는 씨앗으로 변질되어 나쁜 열매를 맺게 될 것이다. 문제가 심각해져 열매 맺기에 성공하지 못한다면, 나쁜 토양은 모든 책임을 씨앗에게 부과한 뒤 조용히 뒤로 빠져 있다가 그저 다른 씨앗 하나를 대신 새로이 영입하면 되는 일이다. 하나의 나쁜 씨앗보다 변질된 나쁜 토양이 어쩌면 전체 몸의 건강에 훨씬 더 심각한 반기능의 역할을 담당하고 있는지도 모른다. 같은 편에 서서 친히 양육하고 보살펴주다가 상황이 곤란해지면 마치 마녀 사냥 하듯이 그 사람을 희생양 삼는 일. 언제나 배후에서 소리 소문 없이 조용히 움직이는 그림자와 같은 사람들... 암세포 제거에만 신경 쓰는 것은 어쩌면 덫에 걸리는 것일지도 모른다. 그 이면을 봐야 한다. 수면 위로 드러난 빙산의 일각만 보고 그것을 제거하려고 발버둥 쳐도 아무 소용없다. 이제 우리는 토양을 점검해야 할 때다. 나와 당신, 우리의 가족, 그리고 우리의 친구와 공동체. 그 안에 중심된 사상이 무엇인가를 물을 때다. 돈인가? 예수님인가? 나의 왕국인가? 하나님 나라인가?

암세포   Cancer Cell

암세포는 정상세포와 다르다. 주어진 환경에 순종하지 않는다. 오히려 스스로 주도권을 쥐고 자신이 선호하는 환경을 만들어 낸다. 목적은 단 하나, 홀로 증식하기 위해서다. 일반적으로 암세포는 정상세포보다 더 많이 더 빨리 분열한다. 그래서 더 많은 에너지를 필요로 한다. 암세포뿐만이 아니라 몸을 이루는 모든 세포들은 산소와 영양분을 필요로 한다. 몸 안에 구석구석까지 뻗어있는 혈관은 세포들이 산소와 영양분을 공급받을 수 있는 거의 유일한 통로다. 위나 장의 경우, 우리가 섭취한 음식물이 기계적이고 화학적인 방법으로 잘게 부서진 뒤, 내벽에 위치한 어떤 특정한 세포들에 의해서 그것들이 흡수되곤 하지만, 이런 상황은 소화기관에 특화된 기능이다. 다른 대부분의 세포들은 혈관으로부터 영양분과 산소를 공급 받는다. 암세포 역시 이런 면에선 다르지 않다. 비록 왕성한 대사를 하고 독식하기에 충분한 힘을 가지지만, 암세포도 결국 세포에 불과하다. 세포의 신분을 벗어나지 못한다. 그래서 암세포도 증식하기 위해서는 혈관을 필요로 한다. 그러나 암세포는 정상세포와는 달리 더 많은 혈관, 더 큰 혈관을 필요로 한다. 그래서 원래 그 자리에 생긴 암세포뿐 아니라, 다른 곳으로부터 혈관을 타고 이동하여 안착한전이된 암세포 역시 주위에 있는 큰 혈관으로부터 작은 혈관들을 새롭게 자라나도록 유도하여 자기에게로 끌어들인다. 정상세포보다 탁월하게 혈관 생성 능력을 가진 암세포는 자기만을 위해 전용도로를 내는 것이다. 목적은 단 하나, 독식하기 위해서다. 보통 고형 암의 경우, 암세포가 존재하는 곳은 다른 곳보다 더 많은 혈관으로 둘러싸여 있는데, 바로 이런 이유에서다. 또한, 병원에 가면 PET Scan양전자방출단층촬영을 실행하여 대사가 활발한 부위를 찾아내어 암세포의 위치를 알아내곤 하는데, 이는 이미 암세포 주위에 신혈관 생성이 완료되고 암세포가 충분히 증식했기 때문에 검출될 수 있는 것이다. 전용대로 없이는 독식할 수 없다.

이처럼 환경을 스스로 개척하는 암세포는 지능적인 동시에 이기적이라고 할 수 있다. 전이된 암세포의 경우, 혈관을 타고 몸 안을 돌다가 자기에게 가장 적합한 장기를 선택한 뒤 그곳에 안착하여 독식하기 시작한다. 안착한 이후, 암세포는 자신이 무단 침입한 불청객임에도 불구하고 주위 환경을 전혀 신경 쓰지 않는다. 암세포에게 환경은 더 이상 이웃과 함께 살아갈 터전이 아니다. 오로지 자신의 증식을 위한 수단일 뿐이다. 모든 것이 수단화되고 자신만이 유일한 목적이자 홀로 빛나는 주인공으로 등극한다. 이것이 암세포의 실체다. 이웃을 아랑곳하지 않고 주위 환경을 자신에게만 유리하게 조성한 뒤 결과적으로 암세포는 자신과 똑같은 암세포클론를 쉬지 않고 만들어낸다. 어느 날 갑자기 거대한 자본가가 우리 동네에 와서 가장 좋은 위치에 자리 잡은 뒤 자기 집 앞으로 새로운 길을 내고 계속해서 동일한 집짓기를 진행 해 나가다가 마침내 동네 전체를 삼켜버리는 상상을 해본다면, 아마도 전이된 암세포의 독식 기작을 조금 더 이해할 수 있을지도 모른다. 그 끝은, 충분히 상상할 수 있겠지만, 파국이다.

여기서 환경에 대해 조금 더 이해해보자. 암세포가 안착하여 자라기 시작하는 환경은 흔히 사람의 입장에서 생각하는 환경과는 다르다. 사람의 경우, 이사한 곳의 환경이라 함은 보통 주위의 자연이나 건물, 혹은 대중교통의 접근성 등을 의미한다. 여기에서 사람은 거의 고려되지 않는다. 워낙 비중이 작기 때문이다. 그러나 세포의 경우는 다르다. 세포의 환경은 또 다른 많고 다양한 세포들로 이루어져 있다. 우리가 새로운 곳으로 이사를 갔는데, 자연이나 건물보다는 사람들이 압도적으로 더 많은 비중을 차지하고 있는 환경을 상상하면 세포의 환경을 조금 더 이해하는데 도움이 될 것이다. 건강한 몸의 경우, 각 장기에서 여러 다른 기능을 담당하는 세포들은 각자 맡은 바 일을 하며 그 장기가 원활하게 작동할 수 있도록 조화롭게 움직인다. 말하자면, 환경을 이루는 다른 세포들과 연합하여 대의를 도모하는 것이다. 즉 장기의 제 기능을 가능하게 하는 것이다. 그러나 그곳에 만약 암세포가 어느 날 불청객처럼 자리 잡게 되면 상황은 달라진다. 없던 혈관이 새로이 생기고, 그로 인해 독식하여 빠르게 비대해지는 암세포 때문에 정상세포들은 거주할 공간을 잃기 시작하고, 급기야 산소와 영양분의 부족을 겪게 된다. 그 결과 그 장기의 기능은 점점 마비되기 시작하고, 기어이 몸 전체에도 영향이 미쳐 마침내 적색등이 켜지게 되는 것이다.

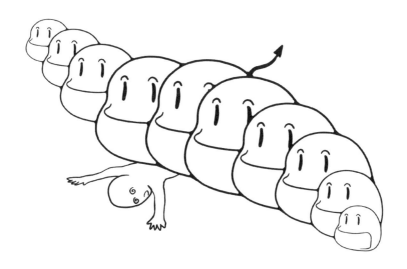

암세포는 독식하는 자와 같다. 우리 인간에게도 환경이 존재한다. 인간은 혼자 살 수 없다. 인간은 사회적 존재다. 누군가와 함께 살도록 지어졌다는 말이다. 그러므로 이러한 인간의 본질적인 측면에서 보자면, 한 개인에게 있어 환경이란 곧 다른 개인들, 즉 타자이다. 우리의 이웃이다. 이웃을 돌보지 않고 자신만의 세력을 확장하거나 자신의 이익을 위하여 주위 환경의 생리를 전혀 신경 쓰지 않은 채, 그저 타자를 자신의 이익 방편으로 삼거나 자신의 이익에 방해가 되는 걸림돌 정도로 여겨버리는 사람들. 이들은 암세포와 하등 다를 바 없는 존재일지도 모른다. '사회적 존재Social Being'라는 말 안에는 이미 '이웃 사랑'과 '조화'라는 개념이 들어있다. 그러나 이를 무시하고 독식을 자처하는 사람은 이웃을 수단화시키는 행위를 범하고 있는 것이다. 이는 타자, 특히 소수자들의 인권을 말살하는 행위로 이어지기 쉬운데, 이를 가리켜 '살인'이라는 단어를 사용해도 무방하다고 생각하는 것은 나의 지나친 우려일까?

바울이 말한 지체의 의미를 생각해 본다. 우리 몸을 구성하는 각 장기들은 제각기 다른 역할을 하며 몸 전체를 건강하고 조화롭게 유지한다. 우리는 하나의 몸을 가지지만, 그 하나됨을 자세히 살펴보면, 다양성의 조화에 다름 아니다. 각기 다른 역할을 성실히 해내는 장기들, 더 세부적으로 보자면 수없이 다양한 세포들이 맡은 바 각자의 일을 제대로 조화롭게 해내기에 비로소 이루어내는 기적과도 같은 일이 바로 하나됨이다. 그리고 이 하나됨을 우리는 '건강함'이라고 부른다. 우리가 전혀 인지하지 못하는 세포와 장기의 움직임은 그 하나 하나의 메커니즘을 연구하고 있는 생물학자의 눈에는 기적과도 같은 일이다. 생명유지에 필요한 기본적인 모든 생체 내의 움직임들은 마치 잘 훈련된 오케스트라의 연주와 같이 하모니를 이루며 완벽하게 돌아가고 있는 것이다. 진정한 하나됨은 다양성의 조화에 있다. 획일적인 제창이 아닌 다양한 목소리가 조화롭게 어우러진 합창, 홀로 빛나는 독주가 아닌 묵묵하고 성실하게 연주되는 다양한 악기들로 이루어진 오케스트라의 합주가 바로 진정한 하나됨을 의미한다. 자신과 동일한 클론Clone을 획일적으로 계속 생산해내는 암세포의 증식은 결코 하나됨이라 할 수 없을 것이다.

우리는 암세포의 획일성이 다양한 정상세포들의 조화로움을 파괴하고 결국은 모두 다 죽음에 이르게 하는 과정에서 중요한 힌트를 얻을 수 있지 않을까 한다. 교회가 요구하는 때 묻지 않은 신앙이란 무엇일까? 혹시 암세포의 획일성을 말하는 것은 아닐까? 그런데 다양성이 묵살된 획일성이 과연 순수함일까? 또한, 교회의 하나됨이란 무엇일까? 동일한 클론들의 증식이 아닌 다양한 지체들의 조화로운 연합이어야 하지 않을까? 우리 모든 인간은 암세포가 아닌 정상세포로 지음 받았다. 진정한 의미의 사회적 존재로서 타자를 이웃을 내 몸같이 아끼고 사랑하며 조화를 이루어 전체 몸의 건강을 도모해야 할 것이다. 그리고 하나님 나라는 바로 그런 곳에 있을 것이다.

분화   Differentiation

종양은 크게 양성종양과 악성종양으로 나뉜다. 양성종양이라고 부르는 단계는 세포의 증식이 비정상적으로 활발해진 상태를 말한다. 종양이라는 단어를 포함하기 때문에 의사로부터 어느 날 이런 진단을 받게 되면 자못 두려울 수도 있겠지만, 양성종양의 경우 세포의 증식 속도가 정상세포보다는 빠르지만, 악성종양보다는 상대적으로 느리고, 세포의 모양이나 분화 정도도 정상세포와 크게 다르지 않으며, 무엇보다 다른 조직으로 이동 혹은 침투하지 않은 상태이기 때문에, 조직검사에서 발견 후 깨끗이 제거만 한다면 생명에 별다른 지장 없이 정상 생활이 가능하다. 40대 이후 대장 검사에서 조그만 혹용종을 발견하여 제거하는 시술이 대표적인 예라고 할 수 있겠다. 반면 우리가 보통 암이라고 부르는 악성종양은 세포의 증식 속도도 **빠를** 뿐더러 다른 조직으로 전이하는 성질을 가진다. 초기에 발견하지 못한다면, 이미 이 악성종양은 여러 조직에 자신의 거점을 설치하여 **빠른** 속도로 온몸을 망가뜨리고 있을 가능성이 높으며, 생명에 직접적인 위협이 된다. 해마다 시행하는 정기검진이 중요한 이유도 여기에서 찾을 수 있다. 한국의 경우 일정 나이가 되면 국가에서 무료로 제공하는 정기검진 제도가 있는데, 이는 전 세계적으로도 탁월한 국민복지제도가 아닐 수 없다. 한국 안에서만 거주하는 사람이라면 이 제도의 탁월함을 쉽게 인지하기 어려울 수도 있을 것이다. 하지만 해외 거주를 경험한 한인들이 이구동성으로 가장 부럽다고 말하는 것 중 하나가 바로 국내의 월등한 의료보험제도라는 점에서, 이는 한국에 거주하는 한국인들에게 축복이 아닐 수 없다.

악성종양의 경우 암세포는 돌연변이가 생기기 이전, 즉 정상세포일 때 가졌던 기능을 거의 잃어버리게 된다. 모든 장기가 제각기 다른 기능을 담당하는 이유는 각 장기마다 특정한 기능을 담당하는 세포가 존재하기 때문인데, 이러한 세포들은 보통 최종적으로 분화한 단계의 세포들이다. 그러나 암세포가 생겨나면, 주어진 기능을 담당해야 할 세포들이 설 곳을 잃어버리게 될 뿐더러 더 이상 만들어지지도 않게 된다. 암세포는 정상적인 세포의 분화 과정에서 이탈하여 분열만을 선택하고 불멸을 시도하는 세포이기 때문이다. 즉 암세포의 증식 이면에는 정상세포의 생성 중단이 자리 잡고 있다. 장기의 기능이 멈추는 이유 역시 암세포의 증식 때문이라기보다는 정상세포의 소멸 때문이라고 보는 게 더 적합할지도 모른다. 그리고 이 모든 현상은 생명현상에서 '분화'라는 과정이 차지하는 비중이 얼마나 크고 중요한지를 보여준다고 할 수 있다.

모든 인간은 하나의 세포, 수정란에서 만들어진다. 엄마의 자궁 안에서 대부분의 장기들이 기초적인 형태와 기능을 다 갖추게 되는데, 이 전 과정을 발생Development과정이라고 부른다. 그리고 각 장기의 발생과정에는 분열보다는 분화가 핵심적인 역할을 담당한다. 각 장기의 다양하고 다채로운 기능은 세분화된 분화과정의 아름다운 열매인 것이다. 세포의 분열에는 자기와 동일한 클론을 만드는 대칭적인Symmetric Cell Division 경우도 있지만, 분화과정 중 대부분은 성숙화 과정을 거치면서 비대칭적 분열Asymmetric Cell Division을 하는 경우가 많다. 비대칭적 분열은 동일한 두 세포를 만들지 않고, 하나만 동일한 세포, 다른 하나는 보다 분화한 세포를 만든다. 쉽게 생각해봐도, 대칭적 세포분열만 존재한다면 우리 인간은 평생 수정란 상태를 벗어날 수 없을 것이다. 그래서 우리 몸은 적당한 수의, 미성숙하지만 여러 가지 세포로 분화가 가능한, 소위 '줄기세포'를 보존하고 유지하는 동시에, 줄기세포 수와 비교할 수 없을 만큼 많은 수의 성숙한 세포를 지속적으로 생성하여 장기의 특정 기능을 담당하게 만든다. 미성숙 단계의 세포가 성숙 단계로 변모하는 과정이 곧 '분화'인 것이다.

내가 연구하는 혈액암Blood Cancer or Liquid Cancer의 경우, 앞서 설명한 양성 혹은 악성종양의 개념과는 조금 달라진다. 혈액암이란, 고정된 어떤 장기 내부에서 어떤 세포의 돌연변이Mutation 현상으로 발생하는 고형암Solid Cancer과는 다르기 때문이다. 살아있는 한 혈액은 결코 멈추지 않는다. 혈액에서 발생하는 암도 마찬가지다. 그러므로 혈액암세포는 본래부터 항상 흐르는 혈액을 타고 온몸을 돌아다닐 수 있다. 고정된 시작 장소가 없기 때문에 '전이Metastasis'라는 단어 사용이 무색해지는 특별한 경우인 것이다. 가장 잘 알려져 있는 백혈병 중 하나인 '만성 골수성 백혈병Chronic Myeloid Leukemia'은 크게 두 가지의 상태로 '만성기Chronic Phase'와 '급성기Accelerated Phase'로 구분된다. '만성기'에는 특정 백혈구 수가 늘어나긴 하지만, 늘어난 백혈구들의 분화도가 크게 달라지진 않는다. 별 다른 기능을 하지 않는 미성숙 세포와 완전한 기능을 담당할 최종 분화한 성숙한 세포, 이 둘 사이의 비율이 크게 바뀌지 않는다는 말이다. 그러나 급성기로 접어들게 되면 상황은 달라진다. 만성기 때 그나마 유지되고 있었던 분화과정이 완전히 멈추고 미성숙 세포의 분열만이 지속된다. 이는 앞서 얘기한대로 암세포 수의 증가도 문제이지만, 정상세포의 생성 중단이 더 큰 문제가 된다는 것을 보여주는 좋은 예가 되겠다.

최종 분화된 세포는 더 이상 자가 복제를 할 수 없는 상황에 놓이고, 이제 남은 것이라곤 사멸하기 전까지 성실히 제 기능을 다하는 것뿐인 세포이다. 생물학자들은 이 세포를 성숙한 세포라고 부른다. 인간과 같은 개체의 관점에서는 성숙한 개체가 미성숙한 개체를 낳는 게 일반적인 상식이겠지만, 세포의 관점에서는 반대다. 미성숙한 세포가 성숙한 세포를 낳는다. 분화의 신비다.

그리스도인에게 성숙함이란 어떤 의미일까? 성숙한 그리스도인이란 어떤 사람을 일컫는 것일까? 기독교의 교리나 사상을 달달 외운 사람일까? 교회에 오래 다닌 사람일까? 목회자들을 말하는 것일까? 아니면 교회의 중직자들을 말하는 것일까? 과연 어떤 사람을 성숙한 그리스도인이라고 봐야 하는 것일까? 나는 세포의 분화과정에서 작은 힌트를 얻을 수 있다고 생각한다. 예를 들어 성장 위주의 교회 운영 방식을 이러한 세포의 관점에서 보면 분화가 아닌 분열이 낭자한 체제다. 이러한 체제는 최종 분화하여 완전한 기능을 담당하는 성숙한 세포가 아닌 여전히 분열을 목적으로 하는 미성숙 세포들의 집합이다. 전도, 선교, 교육이라는 명목 하에 자기세력 부풀리기에 모든 관심이 집중 되어 있는 시스템이기 때문이다. 마치 성숙하기를 거부하고 끊임없이 미성숙 단계에 머물며 분열하기만을 원하고, 할 수만 있다면 불멸까지도 취하고 싶어 하는 암세포와 같은 모습도 발견할 수 있다.

성숙한 세포들의 조화가 장기의 완전한 기능을 담당하는 것처럼, 성숙한 그리스도인들의 공동체가 교회의 핵심 기능을 담당해야만 반석 위에 든든히 세워지는 교회가 되리라 믿는다. 여전히 '나' 중심의 그리스도인은 결코 성숙한 그리스도인이라 부를 수 없다. 성숙한 그리스도인은 성숙한 세포처럼 더 이상 '나'가 아닌 '남'을 향한 삶을 사는 사람이어야 하지 않을까? 분열이 아닌 분화에 충실한 사람. 그래서 주위에 있는 다양한 이웃과 함께 조화를 이루어 '하나됨'을 지향하는 사람. 이들이 바로 교회라는 공동체 속의 성숙한 그리스도인이자 하나님이 원하시는 사람이지 않을까? 생이 다할 때까지 묵묵히 타자를 향하고 이웃을 위한 삶을 살아내는 사람. 나는 예수님이 머리 되신 교회라는 공동체에서 가장 필요한 사람은 바로 이런 성숙한 그리스도인이리라고 믿는다.

사멸 **Apoptosis**

암세포의 증식은 클론들의 증식이다. 클론은 복제품을 뜻한다. 유전자 변형이 일어난 세포가 때마침 적절한 환경을 만나고 경쟁에서 선택된 이후, 더 이상 주어진 기능을 담당하지 않고 자신과 동일한 복제품을 만드는 데에만 주력하게 될 때, 이 세포분열 과정을 클론 증식Clonal Expansion이라 한다. 원래 그 세포는 분열이 아닌 분화를 하도록 설계되었다. 비록 자기 세대는 아니더라도 적어도 자기로부터 생겨난 다음 세대의 세포가 자신이 속한 장기가 가진 여러 구체적인 기능 중 하나를 담당해야만 했다. 그러나 암세포는 앞서 설명한 '분화'를 거절하고 증식을 위한 '분열'을 선택한다. 마치 처음부터 무한한 분열을 위해 창조되기라도 한 것처럼 암세포는 오로지 증식을 위해 온 힘을 다한다. 이 세상을 모두 자기로 도배하기를 원하는 것처럼 말이다. 획일성은 분화를 거절하고 분열만을 선택한 암세포의 특징이다. 반면, 조화로운 다양성은 암세포가 되기 이전의 정상세포들의 자연스러운 특징이다. 획일성에 연합은 존재하지 않는다. 그곳에는 다양성도 조화로움도 없다. 오로지 단조롭고 공격적인 자기 자신으로 가득한 복제품들의 세상이 있을 뿐이다.

일반적으로 어떤 장기에 속한 세포 중에서 완전한 기능을 담당하는 세포는 최종적으로 분화한 세포다. 그리고 이들은 아주 특별한 경우가 아니라면, 더 이상 분열할 능력을 상실한 상태에 놓인다. 그들은 각 장기에서 가장 많은 수를 차지하며, 생이 다할 때까지 성실히 주어진 기능을 다한다. 그들은 분열할 능력을 상실했기 때문에 복제품을 만들 자격을 잃었다. 그들에게 남은 일은 다른 세포와 조화를 이루면서 묵묵히 일하다가 '사멸'하는 것이다. 자연의 순리다. 그들은 자신이 속한 장기가 완전한 기능을 할 수 있도록 만드는 데 가장 중요한 역할을 담당한다. 그들이야말로 장기의 주인공인 셈이다. 성숙한 삶. '나'가 아닌 '남'을 향하는 삶. 하나의 밀알...

모든 생명은 탄생하고 성장하고 성숙하며 노화 과정을 거치다가 결국에는 사멸한다. 암세포가 분화를 포기하고 분열을 지속한다는 것은 단지 그들의 수가 많아진다는 것만을 뜻하지 않는다. 자연스러운 생명 현상, 즉 자연의 순리로부터 이탈했다는 의미도

가진다. 암세포는 궁극적인 사멸을 거부한 세포인 것이다. 그래서 생물학자들은 암세포를 '불멸의 세포Immortalized Cell'라고 부르기도 한다. 죽기를 거부한 세포. 그 전에 분화를 거부한 세포. 대신 오로지 무한한 분열만을 선택한 세포. 바로 암세포의 정체성이다.

나는 세포의 '사멸'의 과정을 보며 교회의 참된 기능이 무엇인지 되묻곤 했다. 그런 고민을 이어가며 나는 예수님이 머리 되신 광의의 교회Universal Church가 아닌, 우리 주변에서 쉽게 찾아 볼 수 있는 개교회의 정체성을 하나의 유기체라고 생각하게 되었다. 탄생, 성장, 성숙, 그리고 사멸을 거치는 생명을 가진 유기체 말이다. 물론 교회에 따라 다르겠지만, 개 교회는 탄생에서 사멸에 이르는 과정 중 그 어느 즈음엔가 위치한다. 물론 모든 교회는 예수님을 머리로 하는 곳이겠지만, 나는 예수님을 머리로 한다고 해서 모든 교회가 불멸할 것이라고 생각하지는 않는다. 사멸해야 할 교회가 스스로 정상궤도를 빠져 나와 온갖 계략과 세상의 논리를 그대로, 아니 더욱 증폭시킨 채 사람들에게 종교적 폭력까지 가하면서 비대해지길 원하게 될 때, 그래서 불멸의 상태로 진입하기를 시도할 때, 나는 건강한 몸에 암세포가 생기는 것과 같은 현상이 교회에서도 발생한다고 생각한다. 이런 관점에서 볼 때, 오늘날 부패한 교회는 내부에서 발생한 돌연변이와 때마침 만난 적절한 외부 환경으로 인해 경쟁에서 선택되어 독식하게 된 돌연변이 세포, 즉 암세포처럼 클론 선택과 클론 증식을 거치고 있는 비정상적인 유기체일지도 모른다. 성숙하기를 거부한 세포. '남'이 아닌 여전히 '나'만을 위한 삶.

교회의 머리는 예수 그리스도다. 매 주일 교회당에 모이는 신도의 숫자도 아니고 그렇다고 돈도 아니다. 교회는 하나님의 선교가 일어나는 모델적인 시스템이자 하나님 백성의 선교가 활발하게 전개되어야 할 유일한 곳이어야 한다. 여전히 세상 속에 위치하지만 세상과는 다른, 하나님 나라가 먼저 실현되는 곳이어야 한다. 돈과 명예라는 힘의 논리가 아닌, 사랑과 정의와 공의가 행해지는 곳이어야 한다. 만약 이러한 하나님 나라의 원리가 소실되고 세상과 같은 힘의 논리만이 예수님 이라는 옷만 입은 채 건실하게 살아있다면, 그 교회는 탄생은 어찌 가능했을지 몰라도, 성장과 성숙 단계가 아닌 사멸의 단계로 곧장 진입해야 마땅할 것이다. 우리 몸도 어떤 세포에 문제가 생기면 처음에는 고치려다가 실패하면 곧바로 사멸을 유도한다. 사멸해야 할 세포가 사멸을 거부하고 돌연변이를 품은 채 증식만을 하게 될 때 암세포가 탄생하듯, 사멸해야 할 교회가 사멸을 거부하고 예수님과 하나님 나라가 거세된 채 살아남아 부흥하기를성장하기를 원할 때 기독교와 세상에 재앙이 되는 교회가 탄생하는 것이다.

모든 생명의 창조주이신 하나님은 모든 생명 현상을 주관하신다. 건강한 몸이란 자연스러운 생명 현상이 일어나는 몸이다. 건강한 몸 안에서도 언제든 세포의 오류가 생길 수 있다. 그러나 오류 복구 작업이 항상 성공하는 것은 아니다. 그것이 실패하게 될 때 우리 몸은 그 세포의 사멸을 유도한다. 부분이 아닌 전체를 위해서다. 아이러니하게 들릴지도 모르지만, 오류가 복구되지 않은 세포를 사멸시키는 기작이 있기에 우리 몸은 건강을 유지할 수 있는 것이다. 오류를 머금은 채 증식하는 암세포. 그러니까 교회 시스템에서의 오류는 곧 예수님과 하나님 나라가 아닌 세상 논리의 침투일 것이다. 그리고 그 논리는 맘몬, 즉 자본의 논리일 것이다. 맘몬의 피라미드 시스템은 사멸해야 마땅할 부패한 교회에게 불멸의 힘을 공급해준다. 그 결과 정상적으로 기능해야 할 교회의 모습은 점점 사라져가고 오로지 남은 것은 비대해진 몸뚱이뿐이다. 암세포의 계속된 증식이 결국 전체 몸의 죽음을 가져오듯, 맘몬을 숭상하는 교회의 성장은 결국 건강한 교회의 죽음을 가져올 것이다. 오류가 생긴 세포의 선택적 사멸이 아닌 전체 몸의 사멸. 아무래도 하나님의 뜻과는 거리가 멀어도 너무 멀지 않을까?

면역 Immunity

우리 몸은 자연 방어 기작을 갖고 있다. 벌레에 물리거나 벌에 쏘이거나 넘어져 피부가 까져도 간단한 연고 정도만 발라주면 금세 회복된다. 또한 감기에 걸리거나 몸살 기운이 있을 때에도 잘 먹고 잘 자면서 충분한 휴식을 취하면 대부분의 경우 정상으로 돌아온다. 약을 함께 복용하기도 하지만, 약은 우리 몸 안의 방어 체계를 도와주거나 활성화시키는 역할에 초점을 맞춘다. 약이 잘 든다는 것은 일반적으로 약을 복용하는 사람 몸 안의 방어 기작이 작동하기 때문이다. 그리고 이 방어 기작의 공식 명칭이 바로 '면역'이다. 면역 반응의 한 가지 예를 들어보자. 어딘가 상처가 나서 피부가 까지면, 그 순간 눈에 보이지는 않지만 수많은 박테리아들이 벌어진 상처 틈 안으로 침투한다. 상처를 낸 물질이 무엇인가에 따라 박테리아뿐만이 아니라 바이러스나 기생충까지도 우리 몸 안으로 침투할 가능성이 있다. 이때, 우리 몸은 크게 두 가지의 면역기작으로 침입자들에 대한 반응을 전개하게 된다. 그 중 첫 번째 기작은 '선천성 면역Innate Immunity'이다. 이는 적으로 간주된 모든 침입자들에 대한 무차별 공격과도 같다. 각 침입자에 대한 개별적인 정보에 의지하지 않고, 오로지 아군이 아니라는 이유만으로 공격을 감행한다. 이는 침입자들에 대한 우리 몸의 일차 방어 체계라고 볼 수 있다. 이러한 기작에서는, 식균작용Phagocytosis을 담당하는 백혈구가 침입자들을 모두 먹어치우는 방법이 대표적이다. 두 번째 기작은 '적응 면역Adaptive Immunity' 혹은 '후천성 면역 Acquired Immunity'이다. 이는 '선천성 면역'과는 달리, 무차별 공격이 아닌 침입자들에 대한 선택적 공격이다. 이러한 선택적 공격이 가능하기 위해서는 각 침입자들에 대한 개별적인 사전정보가 필요하다. 과거에 한 번 이상 침입한 적이 있는 적군에 대한 기억, 즉 이미 우리 몸이 그들에 대한 사전정보를 갖고 있기 때문에 가능한 면역기작이다. 이러한 기작을 담당하는 백혈구들은 침입자들을 선택적으로 인지한 뒤 죽음으로 내몬다.

면역 반응에서 가장 중요한 과정은 무엇일까? 나는 적군을 어떻게 무찌르는지에 대한 다양한 방법적인 측면보다는, 적군과 아군의 식별이 훨씬 더 중요한 과정이라고 생각한다. 자칫 아군을 적군으로 잘못 파악해 버리거나, 반대로 적군을 아군으로 인지해 버리면 몸 안에서는 굉장히 심각한 상황이 발생하기 때문이다. 전자는 자가면역질환Autoimmune Disease을 일으키고, 후자는 면역결핍증Immunodeficiency Syndrome을 뜻한다. 적군과 아군의 식별. 누가 적이고, 누가 우리 편인가? 적이면 죽이고, 우리 편이면 살린다. 중간지대는 없다. 오로지 이분법적인 구분만이 존재할 뿐이다. 그런데, 만약 이러한 인정사정없는 구분법이 우리 몸의 방어기작, 즉 면역체계가 아닌, 기독교라는 울타리 안에서도 유효한 방법이라면 어떤 현상이 벌어지게 될까? 기독교가 하나의 몸이라면, 그리고 기독교를 방어하는 면역체계가 존재한다면, 과연 적군과 아군의 이분법적인 구분이 기독교를 보호할 수 있을까?

이단 논쟁은 초대 교부시대부터 이어져온 아주 오래된 주제다. 중세에 들어서는 살인의 합법적인 이유가 되기도 했다. 그리고 이단으로 낙인찍는 것까지는 아니더라도, 이럴 수도 있고 저럴 수도 있는 교리에 대하여 입장을 달리하면서 기독교는 수많은 파벌을 형성했다. 이는 급기야 원래 하나였던 기독교를 수많은 가지를 가진 나무로 세분화시키기에 이르렀다. 덕분에 우리들이 일생에서 기독교를 처음 접할 땐 순수한 기독교를 접하는 것이 아니라 수많은 가지 중 하나를 접하게 되고, 자연스럽게 그것이 전체 기독교의 모습인 줄 믿게 된다. 이 모든 세분화 과정의 근본 원리에는 바로 면역체계에서 엄밀하게 작동되는 이분법적인 피아식별이 놓여있다. 우리와 생각이 같으면 괜찮고, 우리와 생각이 다르면 정

죄하고 배제한다. 세력이 더 큰 진영이 그렇지 않은 진영을 낙인 찍고 내쫓는다. 내쫓긴 자들은 이단이 되고 내쫓은 자들은 정통을 자처한다. 이는 아군만 남기고 적군은 모조리 제거하는 면역 반응과도 같다. 그러나 이러한 면역 반응 과정이 과연 기독교라는 살아있는 몸을 건강하게 지켜냈을지에 대해서는 짙은 의문이 남는다. 교회사를 조금만 공부해 보면, 이단이라고 낙인 찍혀 정죄되고 배제된 세력들이 역사를 달리하면서 다시 재평가되고 이단 해제를 겪는 경우가 왕왕 있다. 이단으로 낙인찍을 만큼 중요한 이유였다면, 분명 진리라고 믿는 것이나 기독교 안의 가장 기본적인 교의教義 같은 것들에 치명적인 결함을 가하는 세력이었어야 했을 것이다. 그런데 시간이 지나면서 이단이 이단이 아니게 되는 경우를 과연 우리는 어떻게 해석하고 이해해야 할까? 진리가 시간과 장소에 따라 변하기라도 한다는 말인가? 오히려 이단 논쟁은 그 시대 그 상황에 국한된 문제에 지나지 않았을지도 모른다는 반증이 아닐까?

교회사를 연구한 많은 학자들은 이단 논쟁이 결과적으로는 기독교의 깊이와 풍성함을 가져왔다고 해석한다. 이단으로 낙인찍힌 세력이 주장하는 사항에 대해 반동적인 힘으로 정통이라 자처하는 세력에서는 그 부분에 대해 더 깊고 치밀하게 연구하여 불명확하던 것들을 명료하게 만들었기 때문이다. 말하자면 신학의 발전에 이단의 존재가 공헌을 했다는 것이다. 그러나 이 해석은 결과론적인 해석임을 간과하면 안 된다. 신학 발전을 위해 더 많은 이단 논쟁을 만들어 낼 수는 없는 노릇이기 때문이다. 환란이 성숙을 가져오지만, 성숙을 위해 환란을 자처할 수는 없다. 화합을 얻기 위해 배제를 통로로 사용할 수는 없다. 무언가를 지키기 위해서 항상 무언가를 죽여야만 하는 것은 아니다. 대의를 명분으로 작은 것들을 희생시켜도 된다는 근대적인 사고방식은 이미 시대착오적이다. 기독교 안에 이미 존재하는 다양한 가지들은 결과적으로 풍성함을 이루고 있다고 볼 수 있다. 그러나 더 이상의 분열은 필요하지 않다. 이미 충분하다. 분열되었던 가지들이 다시 하나로 합쳐져도 좋을 것이다. 합쳐지지 않는다면 서로를 존중하면서 조화를 이루면 될 일이다. 그들은 아군이지 적군이 아니기 때문이다. 제 살 파먹기는 살아있는 몸을 방어하거나 보호하는 행위가 결코 될 수 없다. 그건 자가면역질환과 같을지도 모른다.

또한 경솔하게 모든 종교는 하나라고, 그저 다른 이름으로 동일한 신을 섬기는 거라고, 그래서 기독교도 이슬람교도 불교도 힌두교도 모두 하나라고 주장하는 부류는 기독교의 영역을 넘어서는 존재들이기 때문에 그들까지도 기독교라고 분류할 수는 없다. 기독교라는 몸을 지키기 위해서는 그들의 존재를 잘 식별해서 예수님이 머리된 기독교의 본질을 흐리게 만들면 안 될 것이다. 그러나 기독교가 아니라고 해서 모두 적군이라고 식별한다면, 그래도 문제가 생기는 것은 마찬가지다. 그들은 기독교가 아닐 뿐 적군은 아니다. 그러므로 기독교는 그들의 생각과 믿음을 같은 인간으로서 존중하며 인정해 주어야 할 것이다. 한 예로, 신천지는 기독교가 아니지만, 신천지 교인들은 우리와 같은 인간이므로, 그들의 인권은 우리의 인권과 평등하게 대우받아야 한다. 신천지의 교리 덕분에 우리가 대충 알고 있던 교리들을 제대로 공부해서 알아가는 기회로 삼으면 될 일이다.

몸 안의 면역 체계는 이분법적인 구분법이 절대적으로 필요하다. 그러나 그 논리를 기독교라는 몸을 방어하는 기작으로 그대로 응용할 수는 없다. 우리와 다르다고 해서 적으로 규정하고 공격하는 방법으로는 기독교를 지켜낼 수 없다. 그건 이미 기독교임을 포기한 것이나 마찬가지일지도 모른다. 기독교의 본질에는 타자를 향한 배제가 아닌 환대가 있기 때문이다. 또한 무엇보다 그들은 박테리아나 바이러스나 기생충이 아닌 인간이기 때문이다. 또한 우리와 다르다는 이유만으로 무차별적으로 공격하는 선천성 면역이 아닌 후천선 면역 기작에서처럼 우리와 다른 이유가 무엇인지 하나님이 우리에게 주신 이성을 사용하여 치밀하게 따져 본 후, 그들이 배제되지 않고 공존하는 가운데 무엇이 더욱 진리에 가까운지 신학적으로도 점검하는 기회로 삼으면 좋을 것이다. 역사의 뒤안길에서 결국 나중에서야 결과론적 해석으로 그들을 평가하지 말고, '지금, 여기'에서 기회로 삼으면 될 것이다. 그러한 지혜가 우리에게 있기를 간절히 소원한다.

자가면역　　　　　　　　　Autoimmunity

면역반응에서는 적군과 아군의 식별이 무엇보다 중요하다. 면역
의 목적은 몸의 방어, 방법은 적군의 섬멸이다. 그러나 이러한 기
본적인 사항을 깨고 적군이 아닌 아군을 공격하는 경우가 있다.
아군을 적군으로 잘못 식별했기 때문이다. 우리 몸 안에서는 실제
로 이러한 심각한 반응이 일어나기도 하는데, 이를 '자가면역반응
Autoimmune Response'이라고 하며, 이 반응이 유발한 질병을 '자가면
역질환'이라고 부른다. 자가면역반응에 의해 공격받는 세포가 어
떤 장기 안에서 아주 중요한 역할을 담당하고 있다면 문제는 걷잡
을 수 없이 심각해진다. 알려진 바로는, 당뇨병이 유발되는 기작
중 한 가지가 바로 자가면역반응이다. 인슐린을 분비해야 할 췌장
의 베타 세포Beta Cell가 적군으로 간주되어 억울하게도 아주 잘 훈

련된 아군으로부터 지속적인 공격을 받고 죽어가기 때문에 결론적으로 몸은 인슐린을 만들어내지 못한 채 당뇨병에 걸리게 된다. 잘 알려진 자가면역질환의 다른 예는 류마티스 관절염Rheumatoid Arthritis이다. 뼈와 뼈 사이, 즉 관절은 활막액Synovial Fluid이라는 점성이 있는 액체로 차 있는데, 그 활막액은 활막Synovium,Synovial Membrane으로 둘러싸여 있다. 이 활막 부분을 적군으로 인지한 백혈구가 일으키는 만성적인 염증반응이 곧 류마티스 관절염이다. 이 질환이 진행되면 활막 뿐만이 아닌 연골과 뼈까지 염증이 확대되어 기형적인 뼈의 뒤틀림이 생긴다. 이렇듯 자가면역은 몸을 방어하고 보호한다는 면역의 역반응 결과를 가져온다. 결국 몸을 상하게 만드는 결과를 초래하기 때문이다. 더욱 불행한 건 이러한 자가면역질환은 여전히 불치병에 속한다는 점이다. 자가면역질환 진단을 받아도 처방은 궁극적 치료에 있지 않고 통증완화나 염증반응의 속도를 늦추는 것을 목적으로 한다. 말하자면 자가면역질환은 평생 안고 가야 하는 질병이다.

그러나 다른 측면에서 자가면역은 면역 반응의 과도함으로 해석할 수 있다. 공격할 필요가 없는 상대를 추가적으로 공격했기 때문이다. 이런 이유로 자가면역질환을 가진 환자들에게 처방되는 약 중에는 스테로이드Steroid가 포함된다. 스테로이드는 염증 반응을 억제시킨다. 그리고 스테로이드는 몸 안의 모든 곳에 영향을 미치므로, 환자는 신체 전반적인 면역 반응이 억제되는 효과를 감수해야만 한다. 스테로이드 처방을 받고 복용하는 환자들이 감염을 조심해야 하는 이유다. 과도함은 정도에 지나친 경우를 뜻한다. 그러므로 자가면역반응은 우리 몸의 백혈구들이 적군과 아군을 식별하는 데에 있어 하지 않아야 할 기준까지 부여하다 보니 적군의 범위를 아군까지 확장하여 발생한 경우라고 볼 수 있다. 그 지나침의 경계가 불명확하기 때문에 21세기 현재의 의학으로 겨우 처방한다는 것이 신체 전반적인 면역 반응 억제밖에 없는 것이다.

이러한 과도함은 살아있는 몸과도 같은 우리의 기독교에도 적용해 볼 수 있다. 그렇다고 이단 논쟁 같은 거대한 이슈를 말하려고 하는 것은 아니다. 우리가 교회 생활에서 실제로 경험하고 있는 이야기를 해 보려고 한다. 교회 생활을 조금 오래 해본 사람들은 어렵지 않게 공감할 수 있을 문제일 것이다. 최근에는 우리의 부모님이나 조부모님 세대와는 달리 처음 출석하던 교회를 죽을 때까지 다니는 사람은 거의 없다. 교회 뿐 아니라 직장도 '정년퇴직'이라는 단어는 이미 고어가 되어버린 시대에 살고 있다고 해도 과언이 아닐 것이다. 그래서 우리는 직장이나 가족 문제등으로 여기저기 이사를 다닐 수밖에 없는 환경에서 살아간다. 거주하는 나라가 바뀌는 일도 흔하다. 그러므로 자연스레 원래 출석하던 교회를 떠나게 되는 확률이 증가했으며, 그 결과 새로운 교회를 선택해야 하는 기로에 서게 되는 경험을 하게 된다. 뿐만이 아니라 이

사와 상관없이 다니던 교회에서 문제가 생겨 다른 교회로 옮기는 일도 비일비재하다. 어쩌면 교회 이동에는 거주지 변동 없는 경우가 더 많은 비중을 차지할지도 모른다. 그렇다면, 우리는 왜 정들었던 교회를 떠나 새 교회를 찾아 나서거나 교회를 떠나 '가나안 성도_{가나안을 거꾸로 하면 '안나가'가 되는데 교회는 나가지 않지만 크리스천이라고 말하는 사람들}'가 되는 것일까? 아마도 대부분의 이유는 예수님을 믿는 믿음 때문이 아닐 것이다. 오히려 지나고 보면 사소하게 느껴질 수도 있을 인간관계 때문이다. 그리고 이를 조금 더 구체적으로 말하자면, '따돌림' 혹은 '환영받지 못함' 내지는 '인정받지 못함' 정도로 해석할 수 있다. 즉, 환대가 본질을 이루고 있는 기독교 안에서 환대를 받지 못하여 떠나게 되는 것이다. 물론 교회를 떠나는 이들이 문제가 없다는 게 아니다. 그러나 그들의 문제라고 탓할 수만은 없다는 것이다. 그렇게 해석하기에는 대단히 많은 수의 사람들이 교회를 옮기고 가나안 성도가 되고 있다. 또한 그들만의 문제라고 축소시킨다면, 결코 그 비율은 줄어들지 않을 것이며, 가나안 성도들의 비율이 갈수록 늘어나는 현상도 멈추지 않을 것이다.

　수치스럽게도 한국의 수많은 통계조사를 보면 타종교를 배척하고 혐오하는 데에 있어 기독교가 단연코 으뜸으로 조사되고 있다. 환대가 있어야 할 곳에 박대가 자리한다. 평등이 있어야 할 곳에 차별이 존재한다. 사랑이 있어야 할 곳에 무관심과 미움과 혐오가 팽배하다. 그런데 이런 현상이 타종교가 아닌 기독교 안에서도 마찬가지라는 사실은 같은 기독교인으로서 할 말을 잃게 만든다. 어릴 적부터 경험해온 교회 내부의 분열과 다툼은 어느덧 교회생활의 일상이 되었다. 안에서도 밖에서도 서로 자기가 옳다고 싸운다. 도대체 무엇이 잘못된 것일까? 특히, 안에서의 싸움은 외부세력 없이 자멸한다는 점을 고려하면, 우리가 믿는 기독교의 미래를 생각할 때마다 한숨이 절로 나온다.

기독교가 하나의 몸이라면, 몸을 구성하고 있는 제각기 다른 지체들은 바로 여러 교회들, 여러 교인들, 다시 말해 모든 그리스도인이라 볼 수 있다. 이때 적군이 아닌 아군을 적군으로 인지하여 공격을 감행하는 자가면역반응은 작게는 교회 내부 교인 간의 갈등으로, 크게는 기독교라는 지붕 아래에서 교단이나 교회 간 분쟁으로 해석할 수 있을 것이다. 안타깝지만 이런 식으로 바라볼 때 우리가 믿고 발을 딛고 있는 기독교는 자가면역질환에 걸린 환자나 진배없을지도 모른다. 그렇다고 해서 자가면역질환 환자에게 처방하듯, 특이적이지 않고 전신에 영향을 미쳐 온몸의 면역 반응을 억제시키는 스테로이드를 처방할 수는 없다. 기독교 안의 면역 반응은 적을 섬멸하는 게 목적이 아닐 뿐더러, 과도한 면역 반응 억제가 일으킬 수 있는 감염 위험은 분별력의 경감으로 나타나 무엇이 정의인지 무엇이 환대인지 무엇이 사랑인지, 혹은 무엇이 성령의 인도인지조차 묘연해질 수 있기 때문이다. 그렇다면 자기면역질환에 걸린 우리에게는 어떤 처방에 필요한 것일까? 과연 성경

으로 돌아가자! 초대교회로 돌아가자! 첫 사랑을 회복하자! 등의
구호를 부르짖으면 해결될 문제일까? 나는 답을 모른다. 다만 나
역시 이러한 문제가 해결되길 간절히 바랄 뿐이다. 그래도 교회가
희망이라는 말을 믿고 싶고, 체험하고 싶을 뿐이다.

면역결핍   Immunodeficiency

아군을 적군으로 잘못 식별한 경우가 자가면역이라면, 반대로 적군을 적군으로 식별하지 못한 경우는 면역결핍이라고 할 수 있다. 쉽게 말하자면, 면역결핍이란 몸의 정상적인 방어 기작이 부분적으로 혹은 모두 상실된 상태를 일컫는다. 우리가 익숙히 들어서 알고 있는 '에이즈AIDS'는 이러한 상태를 대표하는 예다. 에이즈는 네 가지 영어단어의 첫 알파벳만을 딴 단어다. 풀어 쓰면, 'Acquired Immune Deficiency Syndrome'인데, 한국말로 번역하면 '후천성면역결핍증후군'이다. '후천성'이라는 단어가 포함되어 있다는 사실은 에이즈 환자가 원래는 면역결핍이 아니었다는 점을 말해준다. 선천적인 유전으로 인한 질병이 아니라 후천적으로, 즉 나중에 획득한 것이다. 잘 알려져 있다시피 에이즈는 HIV^{Human}

Immunodeficiency Virus라는 바이러스에 감염되어 나타나는 질환이다. 다시 말해 에이즈는 바이러스에 감염되지 않는다면 걸리지 않는다. '후천성'이라는 단어의 또 다른 의미는 우리 몸의 두 가지 면역 기작선천성 면역과 후천성 면역 중 후천성 면역 기작에서 아주 중요한 역할을 담당하는 CD4 T 림프구가 바이러스의 주요 표적이라는 점이다. 그러므로 에이즈 환자는 예전에 침입했던 적군에 대한 기억을 효과적으로 할 수 없는 상태라고 할 수 있으며, 이에 조금 더 해석을 가하면, 적군을 적군으로 인식하지 못한다는 의미가 된다. 우리가 일상에서 자주 사용하는 말 중에 "~에 면역이 되었다"는 표현이 있는데, 이 표현이 정확히 나타내는 바가 후천성 면역 기작, 즉 과거에 침입했던 적군에 대한 기억을 전제로 한다. 에이즈 환자의 면역 결핍은 주로 이 기억의 실패에 해당된다고 볼 수 있다.

에이즈 바이러스는 보통 성관계에 의해 전파된다고 알려져 있어 특히나 한국 사람들에게는 터부시되는 전염병이다. 심지어 한국에서는 동성애자들 사이에서 일어난 성관계의 결과일 뿐이라는 오해가 널리 퍼져있었다. 이러한 오해는 아마도 한국인에게도 많은 사랑을 받았던 그룹 퀸QUEEN의 보컬이자 동성애자였던 프레디 머큐리Freddie Mercury가 에이즈로 죽었다는 사실 때문에 강화된 측면이 있다. 그래서 에이즈 하면 떠오르는 단어는 죽음, 두려움, 공포, 성적 문란, 나아가 기독교 안에서는 죄라는 개념까지 포함된다. 그러나 혈액이 섞이게 되는 상황, 이를테면 전혀 혐오할만한 이유가 없는 수혈 과정이나, 병원에서 주사바늘에 의해 실수로 찔리는 사건, 혹은 임산부로부터 태아에게로의 수직감염 등을 통해서도 HIV는 전염된다. 과도한 선입견으로 에이즈 환자에 대한 낙인을 찍기 이전에 이러한 기초적인 과학지식만 알고 있다고 하더라도 에이즈에 대한 혐오, 에이즈 환자에 대한 배제는 많이 사라질 수 있으리라 생각한다. 다행스러운 점은 수십 년 전과는 달리 21세기에 들어서는 에이즈에 걸렸다고 해서 무조건 죽음에 이르지 않는다는 것이다. 에이즈 환자의 수명도 정상인과 비슷하다고 한다. 물론 여전히 공인된 백신이 개발되지 않았기 때문에 불치병이라고 할 수 있지만, 불치병이라는 단어보다는 '만성질환'이라는 단어 사용이 더 적합하다. 왜냐하면 많은 에이즈 환자들이 항바이러스제를 복용하면서 비교적 건강한 삶을 살아가고 있기 때문이다. 오히려 그들에게는 에이즈라는 질병보단 사람들로부터 받는 낙인, 혐오, 배제가 더 큰 상처일지도 모른다. 그런 것들은 항바이러스제와 같은 약을 먹는다고 해서 나아지지 않기 때문이다. 약으로도 수술로도 고칠 수 없는 병이 불치병이라고 정의할 때, 에이즈 환자를 향한 혐오와 배제 및 낙인은 그들에게 그야말로 불치병과 같은 트라우마를 주는, 두 번 죽이는 행위일 것이다.

면역 반응이 일어나지 않는 몸은 감염으로 인한 위험을 감수해야만 한다. 에이즈 환자들이 아무리 항바이러스제를 복용한다 해도 면역결핍이라는 근본적인 문제가 완벽히 해결된 게 아니므로,

HIV에 감염되지 않은 사람에 비해 특히나 감염에 조심해야만 한다. 인간이라면 누구나 정상적으로 살아가면서 감염에 노출되는 상황을 완벽히 피할 수는 없다. 그러나 정상인이라면 어딘가에 부딪히거나 넘어지게 되면 통증을 느끼고 응급처치를 진행하여 온몸에 감염이 되는 일을 막을 수 있지만, 면역결핍증후군을 가진 사람은 가능한 이런 일이 일상에서 발생하지 않도록 각별히 조심해야 한다. 그러나 그런 사고 없이도 숨 쉰다는 이유만으로 어쩔 수 없이 걸릴 수밖에 없는 호흡기 감염은 면역결핍 환자들에게 가장 취약한 부분이다. 실제로 에이즈 환자들의 사망원인을 살펴보면, 폐렴 등의 감염과 그로 인한 합병증이 가장 많고, 그 다음이 폐암이다.

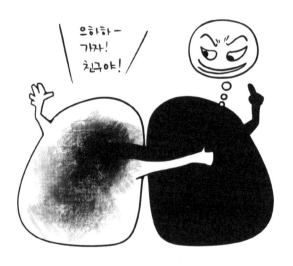

타자와 타종교를 향한 차별, 배제, 혐오는 이 시대의 화두다. 그동안 한국의 기독교는 마치 순수한 복음을 수호하기 위해서인 것처럼, 마치 하나님을 지키기라도 하는 것처럼 정통성이란 명분을 내세우며 타종교와 타자를 향한 선긋기를 자행해 왔다. 미국 근본주의 기독교 우파의 영향을 많이 받은 역사 때문인지 몰라도 한국 기독교는 그 어느 종교보다도 타종교에 대한 차별과 박대가 심하다. 몇 년 전 시리아 난민 반대 입장의 선두에 당당히 얼굴을 드러낸 그룹 중에 기독교가 포함되어 있다는 점은 이러한 박해가 단지 종교적인 차원에 머물지 않는다는 점을 시사한다. 우리가 도덕 교과서에서 배웠던 님비 현상Not In My Backyard은 아무것도 아니었다. 이제는 차별의 규모가 국가적인 수준으로 커져버렸고, '우리'가 살기 위해 '나그네'를 박대하는 것이 현대인의 지성이며 기독교의 정체성을 지켜내는 것처럼 되어버렸다. 환대 대신 박대가 자리한 기독교의 민낯. 이를 굳이 우리 몸에 비유하자면, 면역 시스템이 예민할 정도로 잘 발달된 경우라고 볼 수 있을지도 모른다. 그러나 잘 발달된 면역 시스템의 결과는 몸의 건강이어야 한다는 점에서, 순결주의를 표방한 타종교에 대한 박해, 나아가 나그네를 향한 박대는 결코 면역 시스템이 잘 작동하는 몸이라고 말할 수 없다. 극우파에 속하지 않고 정상적이고 객관적인 시선을 가진 한국 국민이라면 아마도 대부분 오늘날의 한국 기독교를 두고 건강하다거나 순수하다고 평가할 수 없을 것이다.

이렇게 자칭 '훌륭한 면역 반응'으로 순수함과 정통성을 잘 유지해왔다고 믿는 한국 기독교의 진짜 면역 시스템은 과연 어떨까? 우리가 자랑하는 것처럼 정말 훌륭한 면역 시스템을 갖추고 있을까? 혹시 면역결핍에 처한 상태라고 볼 수 있지 않을까? 그 결과 어이없게도 어느새 자칭 '깨끗하고 건강한 몸'이라고 자부한 기독교 내부에 암이 생겨버린 것은 아닐까? 만약 암이 생겼다면 이 암은 외부로부터 기인하지 않았기에 감염으로 인한 결과가 아닐 것이다. 순전히 내부에서 돌연변이 과정으로 생겨난 결과인 것이다. 앞서 설명한 것처럼 후천성 면역 기작은 몸의 내부에서 돌연변이로 생겨난 암세포도 표적으로 삼는다. 그래서 외부에만 모든 신경을 쓰다가 정작 중요한 몸 내부를 돌보지 못한 결과가 암으로 열매 맺은 셈이다. 외부 침입자가 아닌 내부 변절자를 안전하게 숙성시킨 몸의 상태를 과연 훌륭한 면역 시스템이 작동되었다고 말할 수 있을까? 아이러니하겠지만, 오히려 면역 결핍 상태라고 진단해야 더 적절하지 않을까? 외부의 공격만이 적인 줄 알고 모든 화력을 거기에 쏟아 붓다가 어느 날 몸 안에 암 덩어리가 자라 곧 자멸될 위기의 몸. 나는 이 몸이 우리가 믿고 있는 기독교의 미래가 아니길 간절히 바래본다.

알레르기   Allergy

나는 해마다 겨울이 끝날 무렵이면 두 달 정도 알레르기 때문에 고전을 면치 못한다. 매년마다 치르는 연례행사와도 같지만 이 일 방적인 전투에는 좀처럼 익숙해지지 않는다. 적의 존재와 공격 시기, 그리고 공격 방법까지 알고 있음에도 불구하고, 언제나 속수 무책으로 당하고야 만다. 더욱 절망스러운 점은, 이변이 없는 한 아마 내년에도 그 후년에도 동일한 일이 반복될 거라는 사실이다. 나뿐만이 아니다. 알레르기로 고생하는 사람들은 도처에 넘쳐난다. 가장 흔한 '알레르기 비염'은 통계적으로 다섯 명 중 한 명이 앓고 있다. 드물지만 천식과 같이 응급 처치가 뒤따르지 않으면 생명에 위협이 되는 알레르기 증상도 있다. 하지만 일반적으로 알레르기는 우리의 생명에 큰 지장은 없으나, 삶의 질을 크게 떨어뜨린다. 이런 현상은 알레르기 반응을 유발하는 물질인 보이지 않는 적 '알러젠Allergen'에 대한 우리 몸의 반응이다. 알러젠은 사람마다 다르고, 알러젠이 사람에게 접촉하는 방법도 제각기며, 그에 따른 증상도 다양하다. 어떤 사람에게는 공기 중 보이지 않는 물질이, 이를테면 꽃가루나 먼지 등이 알러젠으로 작용한다. 이 부류의 사람들은 숨을 멈추지 않는 이상 나처럼 매년 비슷한 시기에 비슷한 일을 겪어야만 한다. 어떤 사람은 피부 접촉으로 인해 알레르기 증상을 보인다. 복숭아털이나 집 진드기 등을 예로 들 수 있다. 또 어떤 사람에게는 특정한 음식이 알러젠으로 작용한다. 한 예로, 내가 살고 있는 미국에는 한국보다 견과류에 대한 알레르기가 많다.

누군가에게는 아무렇지도 않은 물질이 누군가에겐 독으로 작용하는 이 기이한 현상. 과연 그 독은 진정 독일까? 독이 아닐까? 우리는 이미 이 바보 같은 질문의 답을 알고 있다. 독일 수도 있고 아닐 수도 있다는 것이다. 즉, 독인지 아닌지는 바라보는 관점에 따라, 누가 정의하느냐에 따라 달라진다. 단, 서로가 서로에게 그 답을 강요해서는 안 될 것이다. 둘 다 맞는 답이기 때문이다. 그러므로 우리가 해야 할 일은 그것이 독인지 아닌지 규정하는 것이 아니라, 독일 수도 있고 아닐 수도 있다는 양면성을 인정하고 받아들이는 것이다. 자신이 늘 즐겨 먹는 땅콩이 어떻게 독일 수 있냐면서, 만약 땅콩이 독이라면 땅콩이 이상한 게 아니라 그 사람이 이상한 거라고 주장하면서, 땅콩 알레르기가 있는 사람에게 땅콩을 먹으라고 강요한다면, 그건 폭력이요 살인행위까지 될 수도 있다. 알레르기 같은 경우는, 상식적으로 대부분의 사람들이 알러젠의 양면성을 인지하고 있으며, 알레르기 증상을 보이는 사람에게 알러젠을 함부로 강요하지 않는다. 그러나 어쩌면 그것은 알레르기 증상이 눈에 띄게 드러나기 때문일지도 모른다. 만약 알레르기 증상이 눈에 보이지 않는다면, 그래서 소리 없이 고통당하거나 죽어간다면, 사람들이 상식적으로 인지하고 있는 알러젠의 양면성은 과연 계속해서 효력을 발휘할 수 있을까?

눈에 보이진 않지만 여전히 독과 같은 효능을 지녀 충분히 한 사람을 죽음에 이르게 할 수도 있는 알러젠과 같은 존재는 우리의 신앙생활에서도 어렵지 않게 찾아볼 수 있다. 누군가에겐 아무렇지도 않지만, 누군가에겐 독으로 작용하는 알러젠. 그것은 곧 여러 다양한 교리일 수도 있고, 각 교파나 교단, 노회나 총회, 혹은 개교회가 보이는 다양한 입장일 수도 있다. 예를 들어, 여전히 첨예한 논쟁 주제가 되고 있는 여성 목사안수에 대한 입장, 낙태에 대한 입장, 혹은 동성애에 대한 입장은 같은 예수님을 따르는 교회라는 지붕 아래서도 천차만별이다. 입장이 같은 교회끼리 모이고, 다른 입장에 있는 교회를 서로 정죄하고 핍박하고, 심지어 이단으로까지 정죄하는 현상은 부끄럽지만 어제 오늘 일이 아니다. 여성 목사직은 허용이 되는가 안 되는가? 낙태는 살인인가 살인이

아닌가? 동성애는 죄인가 죄가 아닌가? 이 오래된 문제는 여전히 답이 없고 앞으로도 없을 것이다. 여성 목사직을 거부한 교회, 낙태를 살인으로 규정한 교회, 동성애를 죄로 낙인찍은 교회. 이 교회에게 여성 목사, 낙태, 동성애는 각각 독과 같은 알러젠으로 작용하는 셈이다. 반면, 정반대의 입장을 가진 교회에게는 위의 동일한 문제가 더 이상 골치 아픈 문제가 아니다. 이는 알레르기 반응을 전혀 보이지 않는 경우와 같다. 즉, 아무리 첨예한 문제라도 기독교라는 커다란 지붕 안에서 공통적이고 기본적으로 인정되는 교리나 규율이 아니라면, 해석의 차원에 한하므로 이럴 수도 있고 저럴 수도 있는 것이다. 사실 더 큰 문제는 이렇게 겉으로 드러난 알레르기 반응 같은 문제 뒤에 숨어있다. 이는 알러젠을 넘어서는 더욱 근본적인 문제다. 그것은 곧 반대 진영을 향한 정죄, 그리고 이어지는 혐오와 배제다. 어쩌면 이런 것들은 독과 같은 알러젠보다도 더 독한 독일지도 모른다. 그 누구도 피해갈 수 없기 때문이다. 알레르기처럼 선택적이지 않고 절대적인 파괴력을 가지기 때문이다.

우리 안에 가시처럼 존재하는 알러젠의 양면성, 그 뒤에 숨어있는 인간의 자기애, 그리고 그 거울상인 혐오와 배제... 이러한 우리 안의 알레르기 반응은 다양성의 증거일지도 모른다. 획일적이지 않고 다채롭고 다양한 우리 인간처럼, 기독교 안에도 '순전한 기독교'를 기본적인 공통분모로 하는 여러 모습들이 존재한다.

심한 알레르기 증상을 보이는 사람이 존재하듯, 우리 안에는 같은 성경 본문에 대한 해석에 있어서 굉장히 예민하게 반응하는 부류도 존재한다. 그러나 성경은 누구나 인정하는 '순전한 기독교'를 증거 하는 것 이외에 우리 일상의 다양한 문제에 대해 어느 해석이 옳고 틀린지 명료한 답을 내놓지 않는다. 명료함이 존재하지 않는다는 것은 무엇을 의미하는 것일까? 애초부터 정해진 답이 없다는 것이 아닐까? 다양성이 존재하는 목적은 조화에 있다. 다양성은 순수함을 가장한 획일성의 오류 혹은 돌연변이가 아니다. 성경 해석의 다양성의 측면은 풍성한 하나님의 본질과도 맞닿아 있다. 한낱 인간의 제한된 머리로 정의하거나 규정할 수 없는 하나님, 그리고 그분을 믿는 기독교 신앙. 심한 알레르기 반응을 일으켜 위험에 처할 수 있는 사람들이나, 아무렇지도 않는 사람들이나 모두 풍성한 조화로움의 구성원이자 가족이다. 이는 지체의 다른 이름일 것이다.

통풍   **Gout**

어느 날 갑자기 엄지발가락 둘째 마디 부근이 찌르듯 아파온다. 통증이 예사롭지 않다. 이제껏 이토록 심한 적은 없었다. 어느새 머리는 재빨리 그날 하루의 기억을 더듬고 있다. 걷다가 넘어진 적도 없고, 어딘가에 부딪힌 적도 없다. 조금 피곤한 일정을 소화했을 뿐, 평상시와 크게 다르지 않았다. 그런데 왜 이렇게 극심한 통증이 특정 부위에서, 그것도 갑자기 시작된 것일까? 아무런 외부 충격 없이 멀쩡하던 뼈가 저절로 부러졌을 가능성은 희박하다. 그렇다고 류마티스 관절염이라기에는 너무 급성인데다 아직 나이가 어리지 않은가? 도대체 뭘까? 왜 갑자기 아픈 걸까? 진통제를 먹으면 두통처럼 30분 정도 후 통증이 서서히 가라앉겠거니 하고 집 약상자에 상비되어있던 타이레놀Tylenol이나 이부프로펜Ibuprofen

을 하나 집어삼켜본다. 그러나 시간이 지나도 전혀 차도가 없다. 오히려 통증은 더 심해진 것 같다. 이건 그저 자고 일어난다고 해서 나아질 통증이 아니다. 걸을 수도 없고, 발가락을 움직이기조차 겁이 난다. 부서질 것만 같다. 엄지발가락 부근이 벌써 벌겋게 붓기 시작한다. 스치기만 해도 아프다. 죽을병이라도 걸린 것은 아닐까?

바람만 스쳐도 뼈를 깎는 통증을 호소하는 질환. 산후통과 비견되는 통증. 바로 통증의 왕이라 불리는 통풍이다. 주로 40대 이후 남성에게 발생 빈도가 높은 이 질환은 압도적으로 많은 경우 엄지발가락 둘째 마디 급성 통증으로 시작된다. 위의 첫 단락을 이루고 있는 이야기는 전형적인 급성 통풍 발작을 처음 경험한 사람의 한 예다. 사전 지식이 없다면, 대부분의 첫 경험자는 이렇게 어느 날 갑자기 다가온 극심한 통증의 원인을 도무지 알 길이 없을 것이다. 두려움을 머금고 병원을 찾을 수밖에 없다. 혈액 검사를 하고, 혹시나 뼈가 부러졌는지 엑스레이를 찍어보고, 의사와 여러 문진을 거치고 나서야 비로소 통풍일 가능성이 높다는 진단을 받는다. 그리고 약을 처방 받고 집으로 돌아오는 일정으로 그 끔찍했던 하루는 일단락된다.

통풍의 극심한 통증은 외부에서 주어진 게 아니다. 내부에서 '자연스럽게' 일어난 결과다. 게다가 몸의 오작동으로 생긴 문제가 아니다. 몸은 해야 할 일을 했을 뿐이다. 통풍의 원인은 대부분 오랫동안 지속되어온 잘못된 식습관과 잘못 길들여진 생활패턴에서 찾을 수 있다. 통증은 비록 오늘 시작되었다 하더라도, 문제는 이미 오래 전부터 시작된 것이다. 오래 전부터 수면 아래에서 보이지 않게 아주 천천히 진행되다가 오늘에서야 비로소 수면 위로 그 정체를 드러낸 것이다. 통증을 일으키는 주범은 요산이라는 대사물질이다. 대부분의 음식 안에 포함되어 있는 퓨린Purine이라는 성분이 몸 안에서 대사되면 요산이라는 물질을 생성한다. 이 대사과정은 지극히 정상적이다. 모든 사람 몸 안에서 일어나는 반응이다. 그러나 이 정상적인 과정이 끝까지 안전하게 이루어지기 위해서는 마지막 단계를 거쳐야만 한다. 바로 신장을 통한 요산의 배설이다. 그러므로 만약 신장에 문제가 생기거나 신장의 여과 기능을 훌쩍 넘어서는 많은 양의 요산이 혈액 내에 지속적으로 존재하게 되면 어느 순간 혈액 순환이 비교적 원활하지 않은 우리 몸의 말단, 이를테면 발가락이나 손가락 끝부분부터 쌓이게 되며, 급기야 결정화되기에 이른다. 피에 녹아있어서 정체가 묘연했던 요산이 마침내 결정으로써 그 모습을 드러내게 되는 것이다.

따라서 통풍이라는 질환의 공식적인 진단 기준은 요산의 유무가 아닌 요산 결정의 유무다. 정상인의 혈액에도 요산은 늘 존재한다. 물론 통풍 진단을 받은 사람의 혈액에는 정상 범위를 초과하는 요산이 존재하지만, 혈중 요산 농도만으로는 통풍이라고 확진할 수는 없다. 통풍 발작을 경험하지 않고 아주 정상적으로 살아가는 사람 중에도 혈중 요산 농도가 통풍 환자의 그것과 비슷한 사람도 굉장히 많기 때문이다. 그래서 통풍에 대한 과학적인 확진 방법은 관절 액을 뽑아서 요산 결정을 눈으로 확인하는 것이다. 한 가지 더 중요한 것은 요산 결정의 존재 자체가 통증을 직접적으로 유발하지 않는다는 사실이다. 통증이 시작되는 이유는 요산 결정화에 이어지는 과도한 염증 반응 때문이다. 고체화된 요산 결정이 우리 몸 안의 면역 시스템에 의해 곧장 외부 침입자로 간주되어 잘 훈련된 면역 세포들에 의해 가차 없는 공격을 받게 되기 때문에 염증이 생긴다. 즉, 면역학적인 관점에서 보자면, 통풍은 면역 반응에 의한 과도한 염증 질환이다.

염증 반응은 면역을 담당하는 세포들에 의해서 진행된다. 건강한 사람의 경우 염증 반응은 적으로 간주되는 외부 침입자들에 대한 정상적인 면역 반응에 속한다. 건강한 몸을 유지하기 위해 꼭 필요한 과정이며, 적절한 염증 반응은 오히려 몸이 건강하게 유지되고 있다는 증거이기도 하다. 적군을 적군으로 인지하여 제대로 싸우고 있다는 뜻이기 때문이다. 전쟁이 일어나는 곳에서 총과 포탄이 난무하는 상황은 전혀 이상할 게 없다. 그리고 그 대지가 신음하는 것은 당연한 일이다. 물론 면역 반응이 과도하면 문제가 생긴다. 자가면역질환이 그 예다. 외부 침입자가 아닌 내부에 항시 존재하는 어떤 특정한 세포나 물질에 대한 지속적인 면역 반응, 그로 인해 생겨나는 과도한 염증 반응. 이를 우리는 자가면역

질환이라 부른다. 쉽게 말하자면, 아군을 적군으로 인지하여 생겨나는 질환이다. 통풍은 자가면역과 비슷한 면이 있기는 하지만 자가면역은 아니다. 비록 자가면역과 비슷한 원리로, 신체 외부가 아닌 내부의 물질요산 결정에 대한 면역 반응이지만, 정상적인 사람 몸 안에는 요산 결정화가 일어나지 않기 때문이다. 이런 면에서 요산 결정은 내부에서 만들어진 외부 침입자라고 해석할 수 있겠다.

 이렇듯 통풍은 면역 반응의 일환인 염증 반응이 과도하게 일어나는 질환이다. 이는 통풍 환자가 병원으로부터 처방 받아온 약을 보면 쉽게 이해할 수 있는데, 진통제와 면역 억제제가 주를 이룬다. 즉, 통풍 약의 목적은 염증 반응을 가능한 줄여서 통증을 완화시키는 것이다. 요산 결정을 제거하는 것이 약의 주목적이 아니다. 또한 통풍 환자는 약만 먹는다고 절대 나아지지 않는다. 한 번 발작을 경험한 절반 이상의 사람들은 통계상 1년 이내에 두 번째 발작을 경험한다. 다시 말해, 통풍 치료는 급성 발작에서 벗어나는 게 문제가 아니라, 장기적인 식습관 개선과 생활패턴 개선에 그 무게중심이 있다. 혈중 요산 수치를 정상 범위로 떨어뜨리려는 지속적인 관심과 노력이 절실하게 필요한 질환이 바로 통풍인 것이다. 오랫동안 수면 아래서 쌓여온 시간을 단번에 원점으로 돌이킬 수는 없는 노릇이다. 수면 위의 빙산의 일각을 억지로 눌러 수면 아래로 잠기게 한다고 해결되는 문제가 아니다. 수면 아래 있는 빙산의 실체를 부수는 지난한 작업이 필요하다.

  퓨린을 섭취하지 않으면 되지 않느냐고 생각할지 모르겠지만, 요산을 생성하는 퓨린이라는 성분은 우리가 섭취하는 대부분의 음식에 포함된다. 퓨린 함량이 높은 음식이 있고 낮은 음식이 있을 뿐이다. 과일이나 채소보다는 고기에 월등하게 많으며, 고기 중에서도 붉은 색을 띠는 고기, 이를테면 소고기나 돼지고기에 많다. 고기뿐만이 아니다. 알코올특히 맥주도 당당하게 한몫을 담당하고, 열량이 높은 음식 또한 요산 수치를 높이는 주범 중 하나다. 그런데 퓨린 함량이 높은 음식의 종류를 나열하다보면 심혈관 질환 예방 차원에서 섭취를 제한하는 음식과 다르지 않다는 걸 알 수 있다. 통풍 역시 대사질환 중 하나인 셈이다. 잘못된 식습관과 생활패턴이 가장 큰 요인임은 부정할 수 없다. 그래서 어쩌면 통풍 환자는 통풍 발작 정도로 끝나게 된 것을 감사해야 할지도 모른다. 비슷한 식습관과 생활패턴은 순환기 계통에 문제를 일으키는 주범이기도 하므로 심근경색심장마비이나 뇌경색뇌졸중이 통풍을 대신해서 찾아왔을 수도 있기 때문이다. 알다시피 두 상황 모두 단 한 번만 겪어도 통풍과 비교할 수 없을 뿐 아니라 돌이킬 수 없는 트라우마를 안겨주는 데에 반하여, 통풍은 상대적으로 견딜만하며 발작 이전으로 충분히 돌아갈 수 있다. 나는 이 글에서 통풍 발작 이후의 통증이나 치료가 아닌 통풍 발작 이전 단계에 초점을 맞추고자 한다. 그러니까 혈중 요산 수치가 정상 범위를 초과함에도 불구하고, 사뭇 자신의 건강함을 과신하는 사람들에 대한 이야기를 해 보려고 한다.

혈액 검사로 콜레스테롤Cholesterol 수치나 LDLLow Density Lipoprotein, 저밀도지방단백질, 포도당, 그리고 요산 수치 등을 매달 측정할 수 있다면, 자신의 건강 상태를 실시간으로 파악해 가면서 식습관과 생활 패턴에 남다른 주의를 기울일 수 있을지도 모른다. 그러나 특별한 질환이 없는 대부분의 사람들은 일 년에 한 번 정도 혈액 검사를 실시하는 게 보통이다. 한 번 이상 크게 아팠던 적이 있는 사람은 예외에 해당하겠지만, 그렇지 않은 대부분의 사람들은 정기검사 후 혈액 검사표를 보면서도 여러 수치들이 정상 범위를 약간씩 웃도는 정도로는 아랑곳하지 않는다. 정기적으로 건강을 위해 영점을 재조정하는 목적이어야 할 정기검사가 이런 사람들에게는 그저 귀찮은 연중행사 정도일 것이다.

그렇다면 건강한 기독교인이란 어떤 상태여야 하는 것일까? 적어도 자신과 다른 색깔의 믿음을 모두 부정하거나 그들과의 소통을 거부한 채 자신의 믿음만이 진실하다고 스스로를 세뇌시키는 모습은 아닐 것이다. 기독교는 하나님 한분만을 믿고 섬기는 종교다. 그러나 결코 편협하거나 옹졸한 종교는 아니다. 기독교의 본질에는 배제가 아닌 환대가 있기 때문이다. 레위기 19장에 기록된 거룩함의 예를 살펴보면, 그 행위들이 제사에만 관련되지 않았다는 사실을 알 수 있다. 약한 자, 소외된 자, 억눌린 자, 가난한 자 등 소위 약자와 소수자에 대한 환대가 거룩함의 중요한 축으로 기록되어 있다. 구약의 희년제도 역시 약자와 소수자를 위함이었다. 건강함이란 획일적이고 단조로운 상태를 의미하지 않는다. 제각기 다른 악기들의 집합이지만, 그래서 순수하지 않고 혼합된 것처럼 보일 수도 있지만, 조화롭게 하나의 음악을 연주하는 오케스트라의 모습이 오히려 건강함의 징표일 것이다. 바이올린만 있는 연주단에서 다른 소리가 난다는 이유만으로, 그래서 바이올린 소리가 오염된다는 논리로, 다른 악기들을 배제하기만 한다면, 비록 바이올린의 선율이 명료하게 들릴지는 모르나 그 명료함은 머지않아 단조로움이 되고야 말 것이다. '하나됨'은 풍성함을 전제한다. 획일성을 '하나됨'이라 할 수는 없다.

또한 건강한 기독교는 겸손함을 갖춘 모습이어야 할 것이다. 제각기 다양한 색깔로 예수님을 믿고 따르는 믿음은 모두 완전하지 않다는 사실을 겸허히 받아들이는 모습이 필요하다. 나만이 정통이고 내가 제일 큰 형님인 교회, 교단, 교파는 세상 어디에도 존재하지 않는다. 그렇게 세력 부풀리기의 속셈을 숨긴 채 자신의 정통성만을 강조하는 집단은 이유 없이 자신의 건강함을 과신하는 통풍 발작 하루 전의 사람과 다르지 않을 것이다. 지금의 우리는 과연 급성 통풍 발작 하루 전일까? 아니면 통풍 발작이 한창 진행되고 있는 중일까? 그것도 아니라면 이미 발병한 통풍을 교훈 삼아 겸손하게 자신을 잘 살피고 있을까? 안타까운 것은 우리가 더불어 살아가고 있는 이웃들에게 기독교는 개독교가 되어버린지 하루 이틀의 일이 아니라는 것이다. 사람들이 목회자와 교인들을 신뢰하지 않게 된 일도 어제 오늘의 일이 아니다. 심지어 2020년 한국의 교회는 코로나19의 상황에서 집단 이기주의 단체로 치부되고 있다. 그 어느 때보다 기독교의 거룩함의 의미를 다시 생각해볼 시기다. 스스로 건강하다 자부하는 교만을 거두어들이고, 통풍 환자가 식습관과 생활패턴을 정상화하는 노력과 마찬가지로 기독교의 본질을 되새기며 환대를 기초한 거룩함과 참 구별됨을 보여주면 좋겠다. 그래서 교회가 세상의 기준으로 보면 모든 힘을 잃은 것처럼 보이지만, 이름도 빛도 없이 교회의 원래 목적인 세상의 소금이요 빛의 역할을 묵묵히 해 내길 소망해 본다.

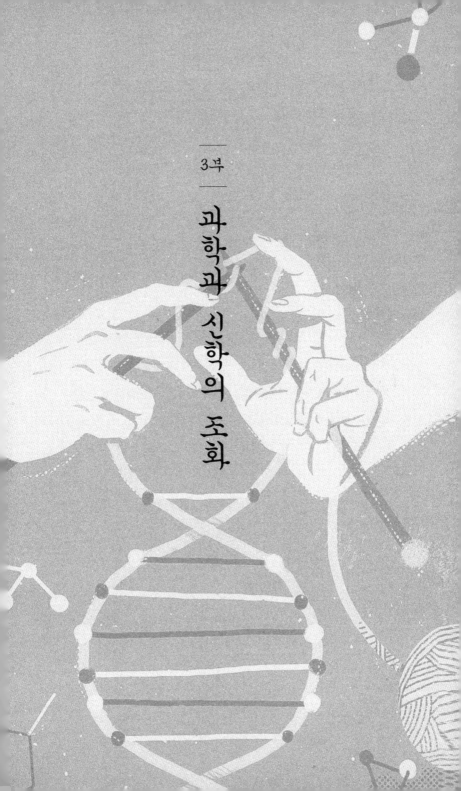

3부

과학과 신학의 조화

진화   Evolution

우리는 습관처럼 매년 독감 예방 주사를 맞는다. 항간에는 슈퍼
박테리아 때문에 많은 사람들이 죽어나간다는 소식이 들린다. 주
위에는 암으로 고생하다가 결국에 죽음을 맞이한 이웃들이 하나
둘 늘어간다. 이유를 물으니, 잘 듣던 항암제가 더 이상 듣지 않
았다고도 하고, 갑자기 만성기에서 급성기로 전환되어 의사가 손
을 쓸 수도 없었다고 한다. 결코 낯설지 않은 우리들 일상의 단면
이다. 그런데 이러한 현상들의 이면에는 중요한 생물학적 원리가
하나 숨어있다. 그 원리를 알든 모르든, 혹은 이해하든 못하든, 우
리 모두는 현실에서 이미 이러한 현상들을 체험하고 있다. 그리고
이 현상들은 그리스도인이든 비그리스도인이든, 믿음이 좋든 좋
지 않든, 인간이라면 누구나 경험하는 일이기도 하다. 이때 만약

한 생물학자가 나와서 이 현상들의 이면에 공통적으로 깔린 과학적 원리를 우리에게 알기 쉽게 설명해준다면 어떨까? 그런데 만약 그 설명이 안타깝게도 우리가 기존에 가지고 있던 가치관에 반하는 것이라면? 한 걸음 더 나아가, 그 설명을 듣고 그리스도인으로서 그동안 자신이 가져왔던 사상과 믿음에 오류가 있을지도 모른다는 불경한 생각까지도 든다면 어떨까? 설상가상으로 그 원리가 이미 과학계에서는 관찰 가능하고 객관적인 사실로 공인되었다면 어쩔 것인가? 우리의 가치관에는 오류가 없을 것이고, 우리가 가졌던 사상과 믿음에도 반드시 오류가 없어야 하므로 과학계의 공인 여부와 상관없이 그 설명을 못 들은 척하거나, 아예 그 생물학자를 미치광이 취급하여 마치 신성모독이라도 한 사람처럼 정죄한 뒤 마녀로 몰아야 할까? 그렇게 주장한 사람만 제거하면 해결될 일일까? 그리고 그것이 과연 믿음과 신앙을 지키는 바른 방법이라고 할 수 있을까? 그런 것이 아니라면 우선 그 과학자의 설명을 잘 듣고, 객관적으로 분석하여, 과학계가 왜 공인까지 했는지 전문가를 동원해서 확인해본 뒤, 오히려 우리가 기존에 갖고 있었던 가치관이 불완전했음을 겸허히 인정하고 수정하고 보완해서, 더욱 풍성하고 조화로운 관점을 만들어내는 방향으로 나아가는 게 바람직하지 않을까?

매년 달라지는 독감 바이러스, 그 어떤 항생제도 소용없는 슈퍼 박테리아의 출현, 잘 들던 항암제가 어느 날 점점 약효를 잃어가는 이유, 암이 만성기에서 급성기로 전환되는 이유. 이 모든 현상 뒤에 숨겨진 과학적 원리는 바로 '진화'다. 그러므로 우리는 진화를 인정하든 안하든 누구나 현실에서 진화를 목격하고 체험하고 있는 것이다. 마치 중력법칙Law of Universal Gravity을 우리가 이해하든 못하든 상관없이 매순간 체험하고 있는 것처럼 말이다. 진화는 가치중립적인 과학적 원리이자 현상이다. 그 자체로는 모습이 없으나, 어떤 물체가 아래로 떨어지는 현상으로써 자신의 정체를 드러내는 '중력'처럼, 진화도 앞서 예로 든 현상들을 통해 자신의 정체를 드러내고 있을 뿐이다. 또한, 중력이 어떤 과학자가 만들어낸 상상이나 이론이 아니듯, 진화 역시 이론이 아니다. 그것은 관찰 가능한 사실이다. 과학자가 한 역할은 단지 그 원리와 현상에 '진화'라는 이름을 붙여준 것밖에 없다. 마치 사과가 떨어지는 현상을 보고, 그 이면에 있는 과학적 원리에 '중력'이라는 이름을 붙여준 것처럼 말이다.

진화는 믿음의 대상이 아니기 때문에, 진화를 받아들인다고 해서 하나님을 믿는 신앙에 위협이 되지 않는다. 그런데 언제인가부터 진화라는 단어는 기독교인들에게 있어서 마치 금지어로 여겨질 정도로 불경한 말이 되어버렸다. 어쩌다가 진화가 이단의 괴수와도 같은 의미의 단어로 낙인이 찍혀버린 것일까? 이에 대한 힌트는 창조과학이라는 유사과학으로부터 찾을 수 있다. 창조과학 열풍은 아직까지도 많은 한국 교회에서 유효하다. 참으로 씁쓸

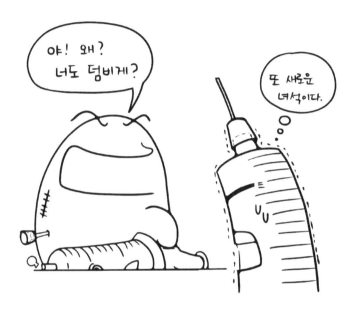

한 단상이지 않을 수 없다. 창조과학은 과학이 아닐 뿐더러, 반지성과 근본주의 기독교 신앙이 어우러져 탄생한 실체가 없는 괴물이기 때문이다. 혹시 미혹하는 영이 이 시대에 모습을 드러냈다면 그 중 하나가 창조과학이 아닐까 한다. 그만큼 건강한 기독교 신앙과 후대를 위한 기독교 교육에까지 미친 악영향이 적지 않기 때문이다. 창조과학을 주장하는 사람들은 마치 진화가 하나님을 대적하는 우상이라도 되는 것처럼 거대한 적으로 위장한다. 그리고는 그 적으로부터 기독교 신앙과 믿음을 수호한다며 반지성적이고 비합리적이고 비과학적인 지식과 수많은 거짓되고 과장된 정보들을 과학이라는 단어를 빙자하여 교인들에게 전파한다.

정말 온 세상이 4~6천 년 전에 창조되었을까? 정말 우리 모든 인간은 아담과 하와 부부와 그 자손들의 근친상간으로 비롯된 자녀들일까? 정말 지구는 편평하고 결코 움직이지 않는 우주의 중심이어서, 하늘의 해와 달과 별이 지구를 돌고 있는 것일까? 정말 그랜드 캐니언Grand Canyon은 노아 홍수의 결과물일까? 이와 같은 수많은 이성적이고 합리적인 질문들이 생겨났을 때 무작정 그 질문들을 거세해 버리고 무조건 의심하지 말고 성경을 문자적으로 믿는 것이 진짜 하나님이 원하시는 믿음일까? 성경을 읽으며 질문이 생기는 것 자체가 사탄에게 속았거나 하나님 앞에 불경해졌기 때문일까? 만약 그렇다고 믿고 있다면, 이번에는 이렇게 질문을 바꿔보면 어떨까? 수많은 과학적인 증거들을 무시하고, 반드시 온 세상이 4~6천 년 전에 창조되었다고 고백해야지만 하나님을 믿는 신앙이 되는 것인가? 반드시 모든 인간이 아담과 하와 부부와 그 자손들의 근친상간의 자녀들이라고 믿어야지만 올바른 믿음이 되는 것인가? 이미 둥근 지구가 태양을 돈다는 지동설이 상식이 된 시대에 지구 편평설과 천동설을 믿어야지만 진실한 믿음이 된다는 말인가? 그랜드 캐니언이 기나긴 역사의 흔적이 만들어낸 걸작이 아니라 노아의 홍수 시기의 그 짧은 시간 급격하게 만들어졌다고 고백해야지만 하나님의 창조를 믿는 신앙이 되는 것인가? 그래야지만 하나님의 창조가 '과학적'으로 판명 나는 것인가?

나는 진심으로 유신론도 무신론도 아닌, 신의 존재와는 상관이 없는 가치중립적인 과학이, 과학의 본연의 임무를 다하도록 놓아두었으면 한다. 창조과학이 거짓으로 주장하는 근거 없는 신념에 기반을 둔 주장에 휘둘리지 말고 하나님이 창조주이심을 고백하는 '창조신앙'을 견지했으면 한다. 더불어 진화라는 과정도 하나님의 창조 섭리에 포함된 것으로 받아들이면 된다. 진화라는 방법을 통하여서도 하나님은 생명을 창조하실 수도 있다는 믿음을 고백하면 되는 것이다.

과학이 발달하지 않았던 과거 시대의 믿음과 과학시대를 살아가고 있는 오늘날의 믿음이 중첩되는 핵심적인 사상은 곧 하나님이 창조주이심을 고백하는 창조신앙일 것이다. 이런 면은 창조과학을 주장하는 사람들조차도 동의하는 부분이다. 성경에 쓰인 창조와 관련된 내용들로부터 우리가 취해야 할 바른 입장은 창조신앙을 고백하는 것이다. 마찬가지다. 위에서 예로 든 진화의 현상들을 체험하면서도 진화가 하나님의 창조신앙을 대적하기라도 하는 것처럼 진화를 받아들인다고 하면 불경하게 여기거나 이단이라도 되는 것처럼 혐오하는 자세는 결코 하나님이 원하시는 성숙한 그리스도인의 자세가 아닐 것이다. 심지어 이러한 자세는 『종의 기원』으로 진화의 개념을 처음 소개한 다윈Charles Robert Darwin조차도 하지 못했던 생각이다. 하나님의 전지전능하심과 무소부재하심을 믿고, 그분이 유일하신 창조주이심을 고백한다면, 자연 현상 중 하나인 진화는 그분이 허락하신, 그러나 과학이 발달함에 따라 뒤늦게 그 모습을 드러낸, 중요한 창조 방법 중 하나일 뿐이다. 그러니 두려워하지 말자. 그럴 필요조차 없으니...

유전자편집　　　　　　　　Genome Editing

신약성경 요한복음 9장에 보면, 태어나면서 부터 앞을 보지 못하는 사람이 나온다. 그리고 제자들과 예수님의 대화가 이어진다.

> "제자들이 물어 이르되 랍비여 이 사람이 맹인으로 난 것이 누구의 죄로 인함이니이까 자기니이까 그의 부모니이까 예수께서 대답하시되 이 사람이나 그 부모의 죄로 인한 것이 아니라 그에게서 하나님이 하시는 일을 나타내고자 하심이라" (요한복음 9:2~3)

아마도 제자들은 예수님의 대답이 무척이나 뜻밖이었을 것이다. 그들의 마음속에서는 이미 다수가 아닌 소수사회적 소수자의 다른 모습을 죄의 인과관계 선상에서 판단하고 있었다. 권위 있다고 여겨지는 랍비의 대답에 의지하여 오로지 누가 범인인지만 알아내면 되는 상황이었던 것이다. 그래서 그 누구의 죄도 아니라는 예수님의 대답이 아마도 그들의 정곡을 찌르지 않았을까 싶다. 물론 그 메시지를 제대로 알아들은 제자가 있었는지는 의문이 들지만 말이다.

양자택일의 질문을 던진 이분법적인 사고에 갇힌 자에게 있어서는 언제나 둘 중 하나가 아닌 제 삼의 답변이 초월적인 메시지를 선사해주기 마련이다. 단, 그가 그 메시지를 어떻게 받아들이는지에 따라 결과는 정반대로 나올 수 있다. 만약 그가 그 메시지를 숙고해보지도 않고 그냥 내치거나 실망해 버린다면, 그는 자신이 기존에 가졌던 이분법 세계를 더욱 강화시키는 결과를 초래하게 될 것이다. 그러나 만약 그가 자신의 이해를 넘어서는 그 메시지를 진지하고 겸허한 마음으로 숙고해본다면, 무언가 깨달음을 얻을 수도 있을 테고, 비로소 용기를 내서 자신이 갇혀있던 비좁은 우물을 인지한 뒤, 양자택일의 세상이 전부가 아니었다는 사실을 받아들이게 되면서, 비로소 자유와 해방의 길에 들어서게 될 것이다. 하나님의 말씀은 바로 이러한 과정을 통해서 언제나 우리들의 이성에 외치고 있는 것은 아닐까? 그래서 그분의 말씀은 이렇게 보이지 않는 메가폰을 통해 우리 귀에 늘 들려지고 있는지도 모른다. 다만, 우리 우매한 인간은 그렇게 사모하고 듣고 싶어 하는 하나님의 말씀도 결국에는 자신의 기준을 내려놓지 못하기 때문에 귀가 닫히고 마음이 닫혀서 듣지 못하는 슬픈 족속이 아닐까 싶다.

유전적인 이유로 자신의 행위와 아무 상관없이 병에 시달리거나 암에 걸릴 수밖에 없는 운명에 처한 사람들이 있다. 이들을 생각하면서 불현듯 서두에 언급한 요한복음 9장 말씀이 떠오른 것은 우연이 아닐 것이다. 나면서부터 눈이 보이지 않게 된 자를 두고 그것이 누구의 죄인지 예수님께 묻던 이들이 만약 이 시대에도 살아있다면 아마도 다음과 같이 묻지 않을까 싶다. "저 유전병은 과연 누구의 죄 때문이니이까?" 이는 모든 선천적인 질병에 시달리는 사람들과 모든 소수자와 약자에게도 적용될 것이다.

세계적인 배우 안젤리나 졸리Angelina Jolie는 자신의 어머니, 할머니 그리고 이모들이 모두 유방암 경력이 있다는 사실을 알고 어느 날 자신의 유전자 검사를 의뢰한다. 그리고는 자발적으로 2013년 유방 절제 수술을 받고, 2015년에는 난소 절제 수술을 받는다. 아직 유방암과 난소암에도 걸리지 않았던 상태였지만, 그녀는 과학과 의학에 의지하여 유방과 난소 절제라는, 어쩌면 젊은 여성으로서는 결단하기 힘든 극단적인 선택을 감행한다. 그래서 그녀는 스스로 미리 두 암에 걸릴 높은 수학적 확률을 낮추게 된다. 유방 없는 유방암, 난소 없는 난소암은 존재할 수 없으니까 말이다.

새로운 밀레니엄이 들어서면서, 미국이 주도하고 숱한 전 세계 과학자들이 참여했던 '인간 유전체 프로젝트Human Genome Project'가 성공적으로 끝을 맺는다. 인간이 가진 모든 DNA의 염기서열을 해독해 낸 역사적인 쾌거였다. 그 이후 생명과학 기술은 급속도로 발전했으며, 급기야 오늘날에는 그리 큰돈을 들이지 않아도 자신의 DNA에 어떤 문제가 있는지 빠른 시간 내에 알 수 있는 방법이 개발되기에 이르렀다. 바야흐로 '유전자 치료Gene Therapy'라는 꿈만 같던 방법을 전제로 한 '개인 맞춤형 의료'의 가능성도 조금씩 문이 열리기 시작한 것이다.

안젤리나 졸리 가문에 가족력으로 흐르는 돌연변이 유전자는 BRCA2라는 이름을 가진 '암 억제 유전자'다. BRCA2가 정상적으로 발현하는 경우에는 체내에서 DNA가 손상을 입을 시 BRCA2가 관여하는 생체 신호 전달 메커니즘에 의하여 세포가 스스로 그 손상을 거의 완벽하게 복구한다. 그러나 불행하게도 안젤리나 졸리 가문의 여성들에게는 이 유전자의 발현이 제대로 되지 않아 DNA 복구 기작이 작동하지 않게 되었고, 급기야 암세포가 생겨날 높은 확률에 처했던 것이다. 암은 '암을 유발하는 유전자Oncogene'의 과발현으로도 생성되지만, '암 억제 유전자Tumor Suppressor Gene'의 저발현이나 발현의 부재로 인해 생겨나기도 한다. 안젤리나 졸리의 경우에는 후자였다.

그녀가 유방과 난소를 암 예방 차원에서 미리 절제했던 비슷한 시기, 생물학계에서는 또 다른, 역사에 길이 남을 기술이 수면 위로 그 모습을 드러낸다. 이른바 '유전자 가위Genetic Scissors'라는 이름을 가진 '유전자 편집 기술CRISPR, 크리스퍼'의 개발이었다. 유전자 가위가 발견 및 응용되기 전까지만 하더라도 유전자를 편집한다는 것은 극히 어렵고 비용이 많이 드는, 그래서 결코 상품화 혹은 상용화할 수 없는 수준이었다. 그러나 유전자 가위의 등장은 이 모든 한계를 상당수 탁월하게 극복하였으며, 실제 임상에서도 사용 가능성을 활짝 열어젖히는 계기가 되었다. 상식적인 이야기지만, 사람은 실험용 동물이 아니기 때문에, 사람을 실험대상으로 사용하게 될 때는 언제나 심각한 윤리적 문제가 뒤따른다.

그럼에도 불구하고 2019년 초 중국에서는 사람에게 유전자 가위를 사용하여 유전자를 편집한 사례가 발생하고야 만다. 에이즈에 면역을 갖는 맞춤형 아기를 탄생시키겠다는 야심차고 비밀스러운 시도였다. 그러나 그 무모한 시도는, 너무나 당연하게 예상되는 결과였지만 실패로 끝을 맺는다. 표적했던 유전자의 편집이 불완전하게 일어났을 뿐 아니라 표적하지 않았던 DNA를 건드리는 현상까지 초래했던 것이다. 오히려 새로운 돌연변이를 인공적으로 만들어버린 결과를 초래한 셈이었다. 설사 그 실험이 성공적으로 이뤄졌다 하더라도 윤리적인 문제로 인하여 전 세계적인 후폭풍이 야기되었을 것이다. 더구나 맞춤형 인간을 만들 수 있다는 발상만으로도 인간의 윤리를 넘어 종교와 신의 영역까지 문제는 확장되었을 것이다. 2020년 중반을 넘어서고 있는 현재, 아직까지도 유전자 가위 방법은 인간에게 그대로 적용할 만큼 기술이 완벽하게 제어되지 못한 상태다. 그러므로 지금으로부터 약 2년 전 중국에서 벌어졌던 이 사건은 지금보다 더욱 미비한 기술력을 가진 상태에서 추진되었던 셈이다. 이런 기술적인 제약을 잘 알고 있음에도 불구하고, 단순히 가능성이나 실험정신만으로 사람의 생명을 실험 대상으로 삼았다는 사실은 윤리·종교를 떠나 기술적인 관점만으로 생각한다 하더라도 성급해도 너무 성급했다. 어떻게 보더라도 이 사건은 벌어지지 말았어야 했다. 그 실험을 책임졌던 중국 교수는 몸담고 있던 학교에서 해임되었고, 인간의 생명을 유린했다는 죄명까지 쓰면서 법정 형벌을 받게 된다.

여전히 유전자 편집기술은 인간에게 직접적으로 사용할 만큼 무오한 수준으로 통제되지 못하고 있다. 그러나 동물 모델에서 지속적으로 보이고 있는 과학자들의 긍정적인 연구 결과는 어떤 가문이나 개인의 특정적인 유전병에 대하여 외과적 수술 없는 영구 치료의 가능성을 높이 보여주고 있다. 이 가능성은 분명 과학자나 의사뿐 아니라 이 기술이 절실히 필요한 사람들에게 고무적인 효과를 낼 것이다. 만약 이 기술이 점점 더 발전해서 100퍼센트 제어할 수 있는 상황이 벌어진다면, 그야말로 유전병은 더 이상 불치병으로써 운명이라거나 죄라는 오명을 쓸 필요가 없을지도 모른다. 공상과학 영화에서나 보던 개인 맞춤형 치료가 어쩌면 그리 멀지 않은 미래에 우리에게 주어질지도 모르는 것이다. 그리고 만약 이 기술이 임상으로도 안전하게 사용할 수 있다고 판정이 된다면, 아마 많고 많은 제 2의 안젤리나 졸리들은 굳이 유방이나 난소를 절제하지 않고도 유방암과 난소암으로부터 완전히 해방 받을 수도 있을 것이다.

여기서 진지하게 생각해봐야 할 문제가 있다. 과연 이 기술이 치료용으로만 사용되게 될까? 과학이나 의학기술은 잘 드는 칼과 같아서 외과의사의 메스로도 사용될 수 있지만, 범죄자의 흉기로도 사용될 수 있다. 만약 이 기술이 우생학에 기반을 둔 유대인 학살을 감행했던 히틀러Adolf Hitler 시절에 완성되었었다면 어땠을까? 나찌Nazi들의 클론들로 만들어진 세상은 조금만 생각해도 아찔하기만 하다. 그럼에도 불구하고 이 기술에는 전 세계적으로 어마어마한 규모의 연구비가 집중되고 있으며, 연구가 활발하게 진행되고 있다. 생쥐와 같은 동물 모델을 사용하는 이유는 궁극적으로 인간의 질병을 치료하기 위함이다. 이런 흐름을 볼 때, 분명히 윤리적, 종교적 차원의 문제가 쟁점이 되겠지만, 어떤 식으로든 이 기술이 인간의 질병 치료에 부분적으로든 전면적으로든 사용되게 될 것은 틀림없을 것 같다. 이 문제는 단순히 그런 상황이 벌어지면 안 된다고 기도하거나 걱정하고 앉아있을 것이 아니라, 결국 미래에 벌어질 상황임을 알고 그 상황을 어떻게 해석하고 대처해야할지가 관건일 것이다. 그리고 이 문제는 어느 특정한 사람들만의 문제에 국한되지 않는다. 이 시대를 살아가는 사람이라면 모두에게 언젠가는 닥칠 지극히 현실적인 문제다. 그 시기가 점점 다가오고 있다는 것도 부인할 수 없는 현실이다. 그렇다면, 하나님만을 창조주로 고백하는 그리스도인들은 과연 이 부분에 대해서 어떤 대비를 해야만 할까? 성경에 대한 해석, 그리고 그 동안 믿어왔던 창조라는 개념과 상충될 과학적 증거들에 대해서 어떻게 받아들여야 할까? 과연 그런 상황이 와도 하나님을 창조주로 고백하는 신앙을 유지할 수는 있는 것일까? 나는 이 문제에 대한 하나의 답으로써, 하나님의 '창조'라는 개념을 제대로 이해할 필요가 있다고 생각한다. 두 가지 질문에 대한 대답을 해 보려고 하는데 첫 번째는 과연 창조는 진화와 반대되는 개념인가? 라는 질문이고, 두 번째는 맞춤형 아기를 만들 수 있는 기술이 과연 하나님의 창조를 위협하여 인간 스스로 창조자의 자리를 꿰차는 것인가? 라는 질문이다. 고민해볼 사항은 무궁무진할 수 있지만, 먼저 이 두 가지 질문에 대해서 나름대로의 입장을 가져보는 것이 과학시대를 살아가는 우리 그리스도인에게 적지 않은 도움이 되리라 생각한다.

첫 번째 질문에 대한 답은 분명하다. 창조는 진화와 반대 개념이 아니다. 자신의 죄인지 부모의 죄인지 묻는 이분법적인 질문이 어리석은 것처럼 이 문제는 창조와 진화 중 한 가지를 선택하는 양자택일의 문제가 아니다. 그리스도인 중에 어떤 이들은 창세기 1장과 2장을 문자적으로만 받아들여 창조를 이해하려고 한다. 이렇게 이해하고 믿는 창조는 하나님이 자신의 손을 사용해 흙으로 인간을 직접 만드시고 코에 생기를 불어넣으셨다는 행위와 결과를 일컫는다. 그래서 하나님이 모든 생명체는 말씀만으로 창조하셨는데 반하여, 인간만 특별하게 직접 손으로 만드셨다는 언급에서 '하나님의 형상' 개념의 구별됨을 해석해낸다. 유일한 하나님의 형상인 인간의 구별됨이 바로 하나님의 말씀만이 아닌 하나님의 손으로 직접 창조하셨다는 특별한 사건, 즉 창조 방법에서 발생한다고 보는 것이다. 그러나 과연 그럴까? 하나님이 인간처럼 손이 있어서 흙을 빚으실 수 있고 입이 있어서 후~ 하고 불 수 있는지 묻는, 조금은 유아적인 반론을 차치하고서라도, 과연 창조 방법의 차이가 하나님 형상의 구별됨을 대변하는 것인지 진지하게 생각해봐야 한다. 그리고 과연 인간의 창조는 흙으로의 직접 창조라는 비과학적이고 기적적인 사건만을 가리키는 것일지에 대해서도 솔직하게 대면할 필요가 있다.

현대 과학의 발달은 여러 코페르니쿠스적인 발견을 통해 이뤄졌다. 그 중에 하나는 단연 다윈이 쓴 『종의 기원』이라는 책에서 소개된 진화 개념의 발견일 것이다. 다윈에 따르면 모든 생명체는 하나의 공통조상을 가진다. 사람들 사이에서 흔히 원숭이에서 인간으로 진화한 것처럼 오해되고 있는 그림은 공통조상이라는 개념을 제대로 이해하지 못했기 때문에 빚어진 어이없는 해프닝이다. 다윈은 한 번도 원숭이가 인간으로 진화했다고 말한 적이 없다. 다만 머나먼 옛날 원숭이와 인간이 갈라져 나온 공통적인 조상이 있을 거라는 가설을 내세웠을 뿐이다. 그런데 이런 식으로 계속해서 과거로 소급해 나가다보면, 모든 생명체는 같은 공통조상에서 갈라져 나왔다는 결론에 봉착하게 된다. 그 결론의 한 단계 더 위에는 무^{아무것도 없음}가 있을 것이고, 바로 그 다음에는 유^{무언}가 있음가 존재할 것이다. 그리고 이를 생명과학적으로 적용해 보자면, 진화가 처음으로 시작된 생명체는 단세포일 수 있다는, 받아들이기 쉽지 않은 추론이 가능해진다. 물론 이런 것들을 과학적으로 관찰 혹은 실험해서 증명할 수는 없다. 진화과정은 장구한 세월에 걸쳐 일어났기 때문이다. 이런 면에서 진화는 100퍼센트 증명된 것은 아니다. 그러나 그렇다고 해서 내다버릴, 어떤 미치광이의 상상 정도로 치부해서도 안 된다. 과학에서 말하고 있는 진리나 가설은 변하지 않는 하나님의 말씀처럼 영원하다기보다는 그 시대의 지성과 문화적 맥락에서 도출된 최선의 설명이라고 이해해야 되기 때문이다. 또한, 다윈의 주장이 세월을 거치면서도 지속적으로 주목받는 이유는 이 세상에 점점 사탄의 문화가 들끓고 있기 때문이 아니라, 하나님이 인간에게만 주신 이성을 이용한 합리적인 추론에 의한 결과이기 때문이다. 여러 다방면의 독립적인 증거를 기반으로 하여 합리적인 추론을 거친다면, 유신론이든지 무신론이든지를 떠나서 모든 그리스도인과 비그리스도인들이 가치중립적인 입장으로 다윈의 가설에 고개를 끄덕일 수밖에 없을 것이다. 마음에 의도적인 거부를 미리 표명하지 않는다면 말이다.

　문제는 이런 해석을 받아들이게 되면, 창조에 대한 근본주의적인 해석과 필연적으로 차이가 발생하게 된다는 점이다. 하나님의 직접 창조 개념은 그저 문학적 표현 정도로 축소되는 결과를 가져오게 되며, 아마도 근본주의적인 해석만이 진리라고 믿어왔던 그리스도인들에게는 적잖은 충격을 선사할 것이다. 자신들의 순결하다고 자부했던 믿음은 물론, 확고부동한 하나님 말씀인 성경의 입지까지도 추락시키는 악마의 유혹으로 여겨질 가능성도 높다. 인간은 그저 다른 동물들과 마찬가지로 어떤 공통조상으로부터 갈라져 나온 한 종에 불과하다는 진화 개념은 불경하기 짝이 없는 소리로 들릴 수 있으며, 하나님을 창조주로 고백하는 믿음을 모욕하거나 부정하는 것으로 여겨질지도 모른다. 그들에게 인간이란 하나님의 형상으로서 특별하게 하나님이 직접 손으로 만드셨어야 하기 때문이다. 그래야만 창조라는 단어가 옳게 사용되는 것이며, 하나님을 창조주로 올바르게 고백하는 셈이기 때문이다. 그래야 정통적이고 순수한 신앙인이 될 수 있기 때문이다.

여기서 흔히 믿음이냐 과학이냐의 이분법적 선택의 기로에 서게 되는데, 어쩌면 이 순간은 일부 그리스도인들에게 일생일대의 유혹으로 작용한 나머지 더욱 근본주의적인 믿음을 견고히 다지며 과학을 악마화 하는 입장을 굳히는 계기가 될 수도 있다. 반대로, 또 다른 그리스도인들에게는 그동안 자신이 믿어왔던 기독교 신앙을 버리고 과학주의 맹신론 쪽으로 전향하여 철저한 반동적 유물론자로 돌아서게 만드는 계기가 될 수도 있을 것이다. 그러나 굳이 창조와 진화, 둘 중 하나를 선택해야만 한다는 강박에 사로잡힐 필요는 없다. 성경은 과학교과서나 역사교과서, 혹은 국어교과서로 쓰인 것이 아니며, 하나님은 문자에 갇히는 분이 아니기 때문이다. 성경과 과학은 각각 특별계시와 일반계시의 영역에서 주어진 두 개의 책으로써 한 분이신 저자 하나님의 말씀이 오롯이 담겨있다. 이런 새로운 해석의 존재를 받아들이게 되면 우리는 근본주의자 혹은 유물론자의 길을 선택하는 외통수의 저주에서 해방 받을 수 있다. 이러한 양자택일이 아닌 둘의 조화를 취하는 관점이 어쩌면 성경을 정말로 영적으로logically but not simply "spiritually" 해석해내는 방법일지도 모른다. 더욱이 이러한 관점을 통해 우리는 성경이나 과학을 더 이상 서로 적대적인 상대로 볼 필요가 없으며, 오히려 둘의 조화로운 작용으로 인해 빚어지는 놀라운 신비를 통해 더욱 풍성한 하나님의 말씀을 마침내 이해할 수 있는 눈을 가지게 된다. 성경 해석과 과학적 해석을 조화시키려는 시도를 마치 순수한 믿음에 물이라도 타는 것처럼 여기거나 불경한 것이라고 매도하는 사람들이 있다. 그러나 성경은 하나님의 영감으로 쓰인 권위 있는 하나님 말씀이기도 하지만, 그와 동시에 성경은 하나님이 직접 쓰신 것도, 인간이 받아쓰도록 불러준 것도 아니다. 성경은 성령의 감동을 받은 인간, 즉 그 시대 그 문화의 맥락에 속하여 그 제한된 환경의 영향을 받은 이성과 감성을 가진 어떤 한 사람이나 공동체에 의해서 써진 책이다. 이 엄연한 사실을 받아들일 때, 우리는 마치 하나님보다 성경을 우상시하는 것 같은 모순적인 상황에서도 해방 받을 수 있을 것이다.

창조와 진화가 서로를 배척하기라도 하는 것 같은 이분법적인 사고에서 벗어나는 방법 중 하나이자, 대다수의 그리스도인 과학자들이 취하는 대표적인 입장은 '진화적 창조Evolutionary Creation'라는 관점이다. 한 마디로 말하자면, 진화라는 방법을 이용하여 하나님이 생물을 창조하셨다고 보는 입장이다. 창조가 항상 초자연적이고 비과학적인 기적이어야만 한다는 오래된 생각은 사람들의 선입견일 뿐이다. 그러나 만약 우리가 진심으로 하나님이 전지전능하시고 무소부재하시다고 믿는다면, 그 하나님이 진화라는 방법도 고안하시고 친히 이용하셔서 생물의 창조 메커니즘으로 사용하지 않으셨을 이유가 없다고 고백할 수밖에 없다. 즉, 진화는 창조를 반대하는 개념이 아니라 오히려 창조의 풍성함을 배가시킬 수 있는 신비일지도 모르는 것이다. 과학을 통해 오히려 하나님을 더욱 알아가고 신앙을 깊고 풍성하게 할 수 있다. 적인 줄 알았던 과학은 이분법적인 세상에 허우적대는 사람에게 어느 날 찾아온 초월적인 메시지와 같은 역할을 할지도 모른다. 하나님은 진화라는 개념에게 내쫓길 수 있는 존재가 아니라 그 방법을 고안하시고 만드신 창조주이시다! 또한 하나님의 형상이라는 타생물과의 구별됨을, 어떤 이들처럼 굳이 창조 방법의 차이 때문이라고 믿는 작은 믿음에 더 이상 갇혀있을 필요가 없다. 인간이 다른 동물과는 달리 하나님의 형상으로 지음 받았다는 사실은 인간에게 주어진 고유한 정체성과 사명을 의미한다. 다시 말해, 인간이 하나님의 형상이라는 말은 하나님을 대리하여 하나님이 창조하신 모든 것을 경영하는 가꾸고 섬기는 일을 맡은 존재가 바로 인간이라는 뜻이지, 그저 특별한 방법으로 창조된 존재라는 뜻에 머물지 않는다. 그러므로 하나님이 흙을 사용해 손으로, 마치 토기를 빚으시듯 인간을 창조하셨다는 표현은 인간의 구별됨을 문학적으로 표현한 수사에 불과한 것이라고 해석해야 한다. 한 걸음 더 나아가, 인간만의 독특한 창조 방법 없이, 인간이 다른 동물들과 같은 공통조상을 가지고 오랜 세월을 거쳐 진화해온 존재라고 해서, 하나님의 형상이 아닐 이유는 전혀 없다. 하나님 형상의 구별됨은 창조 방법이 아닌 인간에게 맡긴 고유한 정체성과 사명에서 찾아야 되기 때문이다. 인간은 다른 동물과는 달리 존재의 의미를 묻고 인생의 의미를 물으며 배우지 않아도 알게 되는 어떤 도덕률 같은 개념을 갖고 있는 유일한 존재다. 이성과 감성을 모두 가진 존재이며 하나님을 배반할 수도, 자발적으로 순종할 수도 있는 자유의지를 하나님으로부터 부여받은 유일한 존재다. 우리들은 그리스도인이기 이전에 먼저 인간으로 지음 받았으며, 그 맡은 바 임무는 창조된 모든 피조물을 가꾸고 돌보아 조화로운 경영을 일구어내는 데 있다는 사실을 간과하지 말았으면 한다.

두 번째 질문은 맞춤형 아기를 만들 수 있는 유전자 편집 기술을 가진 인간이 하나님의 자리를 꿰차고 앉지 않을까에 대한 염려이다. 그런데 인간이 유전자 편집 기술을 갖는다고 해서 그 언젠가 하나님을 대적했던 사탄처럼 하나님의 고유한 자리를 노리는 존재가 되는 것일까? 그렇지 않다. 나는 우선 유전자 가위 기술의 개발이 인간 스스로 신이 되기 위함이 아니었다는 점을 짚어야만 한다고 생각한다. 이 기술은 앞서 예를 든 '잘 드는 칼'처럼 사용자와 사용 용도에 따라 달리 평가될 수 있다. 동일한 칼도 외과의사가 사용하면 사람을 살리기 위한 메스가 되는 반면, 살인자가 사용하면 사람을 죽이는 흉기로 전락하게 된다. 유전자 가위 기술도 마찬가지다. 인간의 유전적인 결함으로 인한 고통을 제거하는 기본적인 목적은 사람을 살리기 위함이다. 흉기가 아닌 메스로 사용되는 것이 이 기술의 목적이었다는 말이다. 물론 오용과 악용을 걱정한 나머지 그 기술 자체를 부인하거나 사용 억제를 주장할 수도 있다. 그러나 이는 살인자가 잘 드는 칼 때문에 살인을 잘 한다고 해서, 잘 드는 칼 자체의 생산을 금지시키는 꼴과도 같다. 충분히 예상하다시피 그렇게 되면, 외과의사의 손에도 메스가 쥐어지지 않게 되고 수술은 불가능하며 사람은 죽게 된다. 양날의 칼처럼 결국 누가 사용할지 어떤 목적으로 사용할지가 중요한 것이지, 결코 그 기술 자체가 악한 것이 아니다. 궁극적으로는 이 놀라운 기술은 사용 허가가 아닌 사용 제한의 선을 어디로 둘지가 관건일 것이다. 다행히도 이미 정상적인 사고를 하고 기본적인 윤리를 지키는 사람들은 이 기술이 오용 혹은 악용되지 않기 위하여 많은 힘을 쓰고 있다. 각 나라의 문화와 사고방식의 차이에 따라 그 기준을 설정하는 데에는 비록 많은 시간이 걸릴 수 있겠지만, 여태껏 해왔듯이 인간은 이마저도 합리적인 합의로 이끌 것이라고 생각한다. 인간의 능력을 믿어서가 아니다. 인간에게 이성을 주신 하나님을 신뢰하기 때문이다. 그러므로 인간이 유전자 편집 기술을 이용하여 맞춤형 인간을 만들어서 신과 같은 창조자의 자리에 앉을 것이라는 상상은, 비록 충분히 의미를 가지기는 하겠지만, 인간의 이성과 합리가 작동하는 한 결코 공식적인 허가는 나지 않을 것이다. 다만, 암암리에 범죄가 벌어지듯 이 기술에 대한 오용과 악용 사례가 없기를 바랄 뿐이다. 이 기술이 치료용으로 잘 쓰인다면 혁명적인 과학과 의학의 시대가 열릴 것이며, 서두에서 언급했던 것처럼 대다수와 다른 모습을 하고 있다는 이유만으로 선천적인 질병에 시달리는 사람들이 죄인 취급받는 일도 사라질지 모른다. 그 유전적 결함은 단지 여드름이 난 것처럼 혹은 물집이 잡힌 것처럼 간단한 시술로 처리할 수 있는 문제에 불과할 테니 말이다.

인류의 기원   The Origin of Mankind

과학과 신학 사이에서 한 번이라도 진지하게 고민이나 갈등을 경험해본 적이 있다면, 인류의 기원에 대한 궁금증과 함께 자연스레 아담이라는 존재의 의미에 대해서 의문을 가져보았을 것이다. 자칫 발칙하거나 불경스럽게 여겨질 수도 있는 이 의문은 기존에 아무 의심 없던 우리들의 믿음과 확신을 재고하게 만들기도 한다. 그래서 전통적으로 인류의 기원이 기록되어 있다고 보는 창세기 1장과 2장을 대할 때면, 우리가 혹시 무엇인가 놓친 것이 없는지 스스로 반신반의하며 수 없이 반복해서 읽기도 하고, 그 부분에 대한 여러 학자들의 해석을 직접 찾아보기도 한다. 어쩌면 누군가에게 이러한 순간은 기존 교회가 담을 수 없었던 기독교 영역을 처음으로 접하는 계기가 될 수도 있다. 특히, 늘 수동적인 자세로 성경 해석을 주입 받아왔던 경우라면, 아마 이때가 처음으로 교회 안에서 말해주지 않거나 애써 회피하며 넘어가는 이슈들에 대해 의문을 갖게 되는 첫 번째 기회가 될 수도 있다. 나아가, 세상에는 정말 다양하고 다채로운 성경 해석이 존재한다는 사실을 비로소 알게 되는 기회가 되기도 한다. 또한, 자신이 그 동안 유일한 진리처럼 믿어왔던 지식이 그저 다양한 해석 중 하나에 불과하다는, 부인할 수 없는 사실을 받아들이며, 더욱 커다란 기독교 세계를 만나게 될 수도 있을 것이다. 혹은, 순수하다고 믿었던 자신의 신앙이 옹졸하고 편협했으며 교만하기 짝이 없었다는 사실을 뒤늦게 깨닫게 되는 계기가 될 수도 있다.

그래서 만약 아담의 의미를 인류의 기원 측면에서만 고민하다가 멈추게 된다면, 멘탈은 그리 큰 타격을 입지 않은 채 오히려 전에 없던 활기찬 신앙생활을 새롭게 시작할 수도 있을 것이다. 그런데, 불행인지 다행인지 모르겠지만 이러한 고민은 보통 인류의 기원 문제로 끝나지 않는다. 차라리 우리에게도 바울에게 그랬듯, 구약 성경만 있었다면 적어도 멘탈이 붕괴되는 고민까지 가지 않을지도 모른다. 그러나 우리에게는 창세기가 포함된 구약 성경만 있는 것이 아니라 신약 성경도 있다. 그리고 우리에게는 예수님만 있는 것이 아니라 바울도 있다. 또한 원죄 개념을 강력히 주장한 아우구스티누스Augustinus Hipponensis와 예정론을 언급한 칼빈Jean Calvin도 우리에게 막강한 영향력을 행사하고 있다. 특별히 한국 교회는 아우구스티누스에서 칼빈으로 이어지는 장로교가 그 어느 나라보다도 강세를 보이고 있다. 전 세계적으로는 기독교 중 단 1% 정도만이 장로교라고 하는 통계를 따르면 한국 교회의 치우침은 정말 놀라운 일이다. 이러한 한국의 특수한 상황은 성경 해석에도 결정적 영향을 주게 되었다. 급기야 이는 누군가에게는 기독교의 근간을 흔들 수도 있는 골칫거리로 여겨지기에 이르렀다. 그 골칫거리의 근원은 아담과 예수님을 연결시킨 바울의 언급이다. 로마서 5장에서 바울이 언급했던 '한 사람'에 대한 부분은 첫 번째 아담뿐만이 아닌 두 번째 아담이라고 알려진 예수님의 존재 이유까지도 재고하게 만든다. 그런데 실제로는 '두 번째 아담'이란 말은 성경에 없다. 단지 고린도전서 15:47에 '두 번째 사람'이라는 말이 나온다. 아담이란 뜻이 사람이기에, 그렇게 해석할 수도 있다. 기독교에서 말하는 죄의 기원아담과 그 해결책예수님에 관한 부분이다. 이로써 우리는 마침내 기독교의 핵심교리를 건드릴 수밖에 없는 상황에 무방비 상태로 노출된다.

"첫 사람은 땅에서 났으니 흙에 속한 자이거니와 둘째 사람은 하늘에서 나셨느니라."(고린도전서 15:47)

창세기에 나오는 아담의 의미를 인류의 기원 문제와 연결시키다가 얼떨결에 시작된 블랙홀의 끝이 예수님의 대속을 향하고 있을 줄이야 누가 알았겠는가? 우리 대부분은 구속사적인 관점으로 성경 전체를 해석해내는 방법에 익숙한, 칼빈의 영향 아래에 있는 한국의 장로교로 대변되는 복음주의권에서 태어나고 자라고 교육받으며 개인의 신앙과 믿음을 구축했다. 그래서 세상과 인간의 창조, 아담으로 인한 원죄사건, 그 결과로 인한 인간의 타락, 그리고 죄 문제의 해결책으로서 하나님께서 보내신 그리스도 예수의 태어나심과 죽으심과 부활하심을 통한 구속, 즉 창조-타락-구속의 플롯이 모든 기독교의 핵심교리인 것처럼 너무나 당연하게 여겨왔다. 그러니 아담의 존재 유무는 자칫 기독교의 근간을 뒤흔들수도 있는 위험인자가 되어버리는 것이다. 물론 기독교에는 복음주의만 존재하는 것은 아니다. 원죄개념과 죄의 전가를 핵심교리로 여기지 않는 기독교도 있다. 그들에게는 아담의 역사성이 이래도 되고 저래도 되는 정도로 중요한 위치를 가지지 않는다. 하지만 그동안 내가 신앙생활을 해 오며 만나고 경험했던 나를 포함한 거의 대부분의 형제, 자매들이 믿어왔던 것은 바로 이러한 창조-타락-구속의 플롯이고 이 책을 읽는 대부분의 독자분들 또한 그러하리라고 생각한다. 이렇게 마치 막다른 길에 이른 것 같은 참담한 멘탈 붕괴의 상황에 처하게 될 때 우리는 과연 어떤 자세를 가져야 할까?

이는 아주 오래된 질문이다. 이미 많은 사람들의 치열한 고민을 거쳐 정립된 서로 다른 해석들이 존재한다. 과연 아담은 실제 역사적 인물일까? 아니면 어떤 상징을 나타내기 위한 고대 근동 이스라엘 사람들의 상상 속 인물일까? 아담은 과연 첫 번째 사람이자 인류의 조상일까? 아니면, 죄가 세상에 들어온 시점의 인간을 대표하는 인물에 불과할까? 아담은 과연 나와 우리를 포함한 모든 인간이 그렇듯, 정자와 난자의 수정에 의해 태어난 것이 아니라, 정말 초자연적인 방법, 즉 흙으로 빚어지고, 유아 단계를 건너뛴 채 곧장 성인으로 만들어졌던 것일까de novo creation? 물론 성경은 이런 질문들을 무색하게 만들 정도로, 혹은 아예 관심이 없다는 듯, 어떠한 대답도 명확히 내놓지 않는다. 인간들은 그저 여러 단편적인 성경 구절들과 고대 근동 지역의 과학과 세계관, 전통적으로 이어져온 성경 해석과 신앙고백, 그리고 기독교 교리 등에 의거하여 추측할 뿐이다. 한 가지 더 덧붙이자면, 각 시대에 관점들은 모두 정치적이고 어쩌면 폭력적일 수도 있었을 힘의 영향 아래에서 정립되었다는 사실도 간과해서는 안 된다.

이렇게 여러 다양한 해석들은 모두 나름대로의 근거를 대면서 자신들의 입장을 강력하게 호소하지만, 그 어떤 입장의 해석도 참이라고 증명할 수는 없다. 성경이 결코 한 입장만을 옹호하지 않기 때문이다. 아무리 빨려 들어갈 정도로 탄탄한 논리를 가진 입장이라 해도 해석은 해석일 뿐, 결코 그것이 진리의 자리를 꿰차진 못한다. 그래서 나는 어떠한 해석을 받아들이든 본인의 신앙이 흔들리지만 않는다면, 큰 문제는 없다고 생각한다. 사실 어떠한 입장을 가진다 하더라도, 어느 부분에선가는 논리의 모순이나 비약을 감행하거나 무시하는 자세를 갖지 않을 수 없기 때문이다. 다만, 이때 중요한 것은 서로 다른 입장을 비하하거나 혐오, 배제하며 싸움을 하지 않는다는 전제가 밑바탕이 되어야 한다. 그리고 적어도 반지성적인 입장을 고수해서는 안 된다. 여기에, 다양한 입장을 조화롭고 수평적인 관계에서 다루려고 노력하며 서로가 서로의 입장을 존중하고 배려하는 노력은 필수다.

'다름'이 '다름'으로 존재할 때는 문제가 생기지 않는다. 단, 어떤 한 입장이 내세우는 힘의 논리에 의해서 '다름'이 '틀림'이나 혹은 '악'으로 규정되고, 제거 대상으로 발전하게 될 때 문제가 생긴다. 따지고 보면, 어떤 입장이라도 자신이 열심히 연구해온 입장을 논리만으로 설명할 수는 없다. 어느 해석도 논리적 완전성을 갖지 않는다. 그럼에도 거기에는 자신의 시간과 열정, 다시 말해 자신의 인생이 들어가 있는 것이다. 그래서 나는 각자의 입장이 조목조목 반박되어질 때면, 마치 자신의 자아가 부인되는 것 같은 기분이 들지 않을까 하고 조심스레 추측하게 된다. 그래서 보통 서로 다른 입장을 옹호하는 사람들 사이의 토론은 자주 논리의 영역을 이탈하여 감정이 섞이게 된다. 논리로 시작, 진행, 결론지어져야 했을 논쟁이 결국에는 비논리를 불러오는 상황을 초래하고 마는 것이다.

개인적으로 '젊은 지구 창조론Young Earth Creation' 입장은 동의가 되진 않는다. 그들의 주장은 가치중립적인 과학을 마치 무신론을 대표하는 것처럼 만들어 버리고, 철저하게 반지성적인 억지로 이뤄져있기 때문이다. 그렇다고 해서 가장 진보적인 입장이라고 할 수 있는, '진화적 창조론Evolutionary Creation' 입장에도 100% 동의할 수는 없다. 그들이 주장하는 아담의 역사성을 부인하는 부분에서, 나는 비록 그 입장을 머리로 이해할 수는 있지만, '왜 굳이 역사적 아담이 존재하지 않았어야만 하는가?' 하는 질문에서 끝내 답을 얻을 수 없었기 때문이다. 나아가 중도적인 입장이라고 볼 수 있는 '원형적 창조론Archetypal creation'도 '이것이 맞지만 저것도 틀린 건 아니다'라는 모호한 논리로 가득 차 있는 것 같아 선뜻 내 입장을 같이 하기에는 어려움을 느낀다. '왜 굳이 역사적 아담이 존재해야만 하는가?' 하는 질문에서 나는 여전히 명징한 답을 얻을 수 없다. 또 하나의 다른 입장인 '오랜 지구 창조론Old Earth Creation'에서도 나는 '왜 굳이 유신 진화론을 거부해야만 하는가?' 하는 질문에서 끝내 만족할 만한 답을 들을 수가 없었다. 나는 위에 언급한 네 가지 입장은 모두 나름대로 정답이란 게 존재한다는 가정 하에 그 정답의 일면을 보여주고 있다고 생각한다. 또한 우리가 굳이 한 가지 입장을 선택해야만 하는 이유가 없다고 생각한다. 어느 한 가지 입장도 완전하지 않으며, 허점과 논리적 비약, 그리고 개인의 신념이 반영되기 때문이다. 그래서 다음과 같이 생각한다면 어떨까?

"역사적 아담이 있든 없든, 우리의 믿음은 안전하다!" 이런 입장을 취한다면, 적어도 다른 입장을 혐오, 배제하기보다는 존중과 배려가 깃든 예수님의 사랑을 실천할 수 있고, 어느 하나의 해석을 진리라고 믿고 그 안에 묶일 필요가 없기 때문에 자유로울 수 있다.

다시 한 번 강조하지만, 나는 우리가 어느 한 입장을 고르고 그 입장을 변호하는 투사가 되어야만 한다고 생각하지 않는다. 물론 각 입장을 연구할 필요가 없다거나, 다른 입장을 들어볼 필요가 없다고 생각하지도 않는다. 내 생각과 다른 것들에 열린 자세를 취하지 않고, 공부까지 하지 않으면, 그 길의 끝은 결국 옹졸하고 편협한 교만으로 이어질 수밖에 없다고 생각하기 때문이다. 나는 '다름'을 '다름'으로 존중해 주면서, 그것을 인정하고 받아들이는 자세가 귀를 닫고 어느 한 입장의 더 탄탄한 논리를 계속해서 구축해나가는 것보다 훨씬 더 중요하다고 믿는다. 우리가 그 동안 놓쳐왔던 것은 어쩌면 정답이 아니라 우리의 자세일지도 모른다는 생각이 들기도 한다.

아직까지 어느 한 입장을 고수하며 그것이 마치 진리라도 되는 것 마냥 믿으며 그것을 수호하기 위해 다른 입장의 논리적 결함을 찾아 비방하기도 하고 자신의 입장이 우월하다는 것을 주장하고 있다면, 나는 한 걸음 뒤로 물러나 숨을 고르고 조용히 생각해보길 간절히 촉구하고 싶다. 다른 해석들을 모두 한 테이블 위에 올려놓고, 어떤 입장을 취하든 전적인 개인의 자유에 맡기고, 혐오와 배제 대신 존중과 배려의 자세로 함께 창조주 하나님을 찬양하는 아름다운 모습을 기대해본다. 해석은 다르지만, 모두 하나님을 창조주로 고백하는 입장이라는 점에서는 모두 같으니까.

파괴와 창조   Destruction & Creation

소설 『데미안』의 저자 헤르만 헤세Hermann Hesse는 알을 깨뜨리고 나오는 새를 비유로 들며, 태어나려는 자는 한 세계를 파괴해야만 한다고 말한다. 이때 파괴의 목적은 죽음이 아닌 생명에 있다. 주체는 새이지 알이 아니다. 새의 탄생은 알의 파괴를 필요로 한다. 파괴는 창조의 도구가 된다. 기막힌 역설이다. 생명의 연속은 끊임없는 창조로 이루어진다. 알의 파괴도 창조의 일환이다. 새의 탄생에서 알의 존재는 새를 위해서다. 생명의 연속은 창조의 본질을 견지하면서, 생성과 동시에 파괴를 포함한다. 우리는 알을 깨뜨리고 나오는 새를 볼 때 생명 탄생의 경이로움에 감탄하곤 한다. 그렇지만 파괴되는 알의 처참함에 공감하지는 않는다. 한 면만 본 편협함일까? 아니다. 우리는 이미 본능적으로 알고 있다. 생성뿐만이 아니라 파괴도 창조 과정에 속한다는 것을 말이다. 신체 발생과정에서도 이는 사실이다. 대표적인 예로 손가락 발생과정을 살펴보자. 우리에게는 너무나 익숙한 모습, 즉 손가락 하나하나가 따로 떨어져 있는 모습이 원래부터 그랬던 것일까? 과연 손가락이 아무것도 없는 공간에서 불쑥 자라나서 생겨난 것일까? 좋은 질문이 될 수는 있지만, 사실은 아니다. 이유는 잘 모르지만, 우리의 창조주는 그 방법을 택하시지 않았다. 믿고 싶은 대로 믿어도 되고, 여태 그래왔던 것처럼 몰라도 상관없다. 생물학을 전공하지 않는 이상, 손가락의 생성과정을 모른다고 해서 수치를 당할 일은 없을 것이다. 그러나 만약 이 과정을 알게 된다면 어떨까? 생명이 우연히 만들어지지 않고 누군가 창조했다고 믿는 우리의 신앙이 과연 영향을 받게 될까? 하나님의 창조의 신비를 조금 더 알게 되어 하나님을 더 알게 되고 더욱 찬양할 수 있지 않을까?

손가락이 만들어지는 조직은 처음에는 손바닥과 손가락이 구분되지 않은, 그저 하나로 뭉뚱그려진 투박한 살덩어리였다. 하지만 배아Embryo 시기의 어느 순간, 세포들이 간격을 이루며 죽어나간다. 그리고 죽지 않고 살아남은 부분이 손가락이 된다. 우리의 손가락은 파괴가 휩쓸고 간 이후 폐허의 잔재인 셈이다. 그러므로 손가락은 자라나온 것이 아니라 살아남은 부분이다. 손가락의 탄생은 손가락 사이의 세포들이 말끔히 죽어나갔기 때문에 가능했던 것이다. 다시 말해, 생성은 파괴가 만들어낸 창조인 셈이다. 이 경우에도, 앞서 예를 들었던 알의 파괴와 새의 탄생 사이의 비유에서처럼, 우리는 손가락의 생성에 경이감을 느끼지, 흔적조차 남기지 않고 대량으로 죽어나간 손가락 사이에 있던 세포들의 파괴에 마음 아파하거나 죄책감을 느끼지 않는다.

지금도 나는 창조로 역사하시는 하나님의 능력을 사람을 살리는 힘의 실체라고 믿는다. 그러나 창조의 모든 과정이 '무에서 유'로의 생성만으로 이루어졌다고 생각한다면 오산이다. 손가락의 발생과정처럼 '유에서 무'로의 파괴가 남긴 흔적이 창조의 결과물이 될 수도 있는 것이다. 놀랍지 않은가! 우리가 만약 아직 손가락이 생성되지 않은 살덩어리라고 가정한다면, 손가락을 만들기 위해서 그 사이사이의 세포들이 죽어나가듯, 우리에게 부여된 하나님의 형상이 제대로 드러나기 위해서는 과연 우리 안에서 무엇이 죽어나가야 할까? 혹시 곧 파괴되어야 할 부분에 우리의 마음과 생각이 모두 쏠려있지는 않을까? 그래서 그 파괴가 마치 전체의 죽음인 양 아파하고 상처받고 있지는 않을까? 토기장이이신 하나님이 진흙인 우리를 다듬어가신다면, 그분은 분명 목적을 갖고 불필요한 부분을 제거하실 것이다. 하지만 그 불필요한 부분이 지금 나에게 있어 얼마나 불필요하게 여겨지고 있는지 한 번 자문해보면 어떨까? 정금같이 단련되는 과정 속에는 파괴로 인한 아픔과 상처가 따르기 마련이다. 그러나 창조주 하나님을 신뢰한다면, 그분이 지금도 끊임없이 창조의 능력으로 우리를 다듬어가신다는

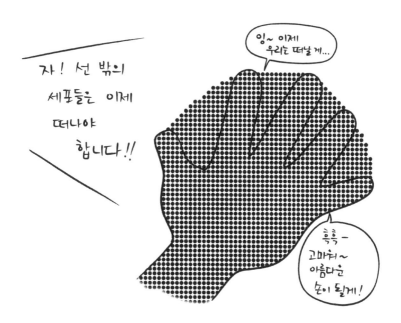

사실을 믿는다면, 그 파괴조차 창조과정의 일환으로 바라볼 수 있지 않을까 싶다. 어쨌거나 살아남는 것, 어쩌면 여기에는 우리가 흔히들 생각하는 폐허의 개념이 아닌 창조의 개념이 담겨있을지도 모를 일이다. 마치 손가락의 발생과정처럼 말이다.

나는 하나님의 창조가 일회성에 그친다고 생각하지 않는다. 탄생 과정에서만 관여하시고 저 멀리서 뒷짐 지고 가만히 지켜보기만 하는 존재가 아니라, 주무시지도 않고 쉬지 않고 눈동자처럼 모든 창조세계를 여전히 사랑으로 돌보시며 끊임없이 창조와 새 창조의 과정을 진행하고 계시다고 믿는다. 나는 모세의 인생 여정이 이를 가장 잘 보여주는 예라고 생각한다. 모세가 자신이 히브리 사람이라는 정체성을 확인하게 되고, 불가피하게 이집트 왕자의 자리를 떠나 미디안 광야로 떠난 시점은 이미 모세가 마흔 살이 되었을 때다. 그리고 미디안 광야의 호렙산에서 떨기나무 가운데 하나님의 음성을 듣기 전까지 보낸 세월도 사십 년이다. 즉, 모세가 다시 이집트로 돌아가 바로 왕에게 이스라엘 백성들을 풀어주어 희생 제사를 드리게 하라는 하나님의 말씀을 전한 시점은 모세가 여든 살이 되었을 때다. 출애굽기에 주로 기록된 모세의 이야기는 바로 모세가 여든 살이 되어 이스라엘 백성들을 애굽으로부터 이끌어내는데 하나님께 쓰임 받는 장면들과 가나안 땅에 들어가기 전 광야에서 사십 년간 생활하는 장면들이 대부분을 이루고 있다. 놀랍게도 모세가 태어나서 여든 살이 될 때까지의 이야기는 출애굽기 2장에 기록된 것이 전부다. 모세는 이집트에서 사십 년, 미디안 광야에서 사십 년, 그리고 또다시 이스라엘 백성들이 가나안 땅에 들어가기 전까지 광야에서 사십 년, 이렇게 총 일백 이십 년을 살았던 셈인데, 마지막 사십 년이 우리가 알고 기억하는 대부분이다. 출애굽기 저자는 아마도 하나님의 영에 이끌리심을 받아 중요하게 기록해야 할 부분으로 그 마지막 사십 년을 선택했을 것이다. 즉, 모세가 살아갔던 일생의 3분의 2를 차지하는 앞부분의 팔십 년은 인생의 서론에 불과했던 것이다. 인생의 3분의 2가 서론이라는 것은 일단 자신의 상황에 적용해 보면 좀 더 쉽게 감을 잡을 수 있다. 21세기 인간의 평균 수명이 팔십이라고 할 때, 자신의 인생의 본론이 그 3분의 2지점인 쉰 셋 부터라고 가정해 보면, 참 생각만 해도 막막함을 느낄 수 있다. 모세가 미디안 광야에서 하나님의 부르심을 받기 전까지 보낸 사십 년이란 세월 동안 과연 모세의 심정은 어떠했을까?

나이 마흔을 넘기고도 이렇다 할 인생을 살아내지 못하고 있는 내 모습을 되돌아보며, 개인적으로 요즈음 모세의 심경이 내 마음에 조금 더 와 닿는다. 마흔 셋, 아직 팔십 인생의 3분의 2지점이 되려면 10년이란 세월이 더 필요한 나이지만, 내가 살고 있는 이 시대는 삼십 대일 때 성공의 실마리를 잡고, 사십대일 때 인생의 전성기를 사는 게 정석이라고 하는 세대라는 점을 감안한다면, 그리고 나는 아직도 성공의 실마리는커녕 오히려 인생에 회의적이 되어가고 있다는 사실을 감안한다면, 문득문득 나는 정말로 인생 실패의 첩경에 들어선 게 아닌가 싶은 마음이 들기도 한다. 한편으로는 이런 생각도 든다. 혹시 이 과정이야말로 하나님께서 나를 창조해 가시고 다듬어 가시는 방법이 아닐까 하는 생각. 창조란 항상 무에서 완성된 모습으로의 직선 운동만으로 이루어지지 않는다는 생각. 손가락의 발생과정에서처럼, 다시 말해 처음에는 필요해서 같이 만들었지만, 나중에는 그 필요가 사라져 그것들을 파괴하고 제거함으로써 마침내 계획했던 완성품을 만들어내는 것처럼, 나의 인생도 조금씩 불필요한 부분들이 파괴되고 제거되면서 점점 다듬어져가고 있는 건 아닐까 하는 생각. 하나님께서 친히 '나'라는 존재로부터 무언가 불필요한 부분을 제거해가고 계신 건 아닐까 하는 생각. 만약 이게 맞다면, 이 멈춰버린 것만 같은 지난한 여정이야말로 창조과정의 연속이며, 마침내 손가락 사이의 세포들이 다 죽어나가고 남은 부분이 손가락이 되듯, 나 역시 하나님이 사용하시는 손가락으로 거듭날 것이라 믿는다. 나는 창조가 완성되었다가 다시 무너져가고 있는 과정에 속한 것이 아니라, 여전히 창조가 진행되는 과정 중에 있는 것이다. 정금같이 단련된다는 것은 파괴를 동반한 창조의 완성 과정을 뜻하는 것일지도 모르겠다. 파괴되면서 무너지고 사라지고 마는 것이 아니라, 파괴되면서 창조는 완성되어져간다. 그러므로 파괴는 파괴가 아니다. 창조의 일환이다. 성실한 땀으로 하잘것없는 일상을 견뎌야만 하는 이유도 바로 여기에 있다. 그 길은 파괴의 어두움이 아닌 창조의 빛 속에 있기 때문이다.

다시 모세를 기억해 본다. 그 사십 년이란 세월 동안 아마도 모세는 자포자기의 심경까지 치닫진 않았을까? 살인자의 신분으로 도망 나왔고, 본의 아니게 목숨을 잃지 않고, 결혼도 하고, 아기까지 낳고 키울 수 있었지만, 이집트에서 보낸 과거의 사십 년의 세월이 미디안 광야에서 보낸 사십 년의 세월동안 얼마나 모세의 생각과 마음을 괴롭혔을지 감히 짐작할 수도 없을 것 같다. 모세는 너무나 상반된 두 사십 년의 세월을 모두 경험해 본 것이다. 사람의 눈으로 볼 때는, 인생 실패자로 판단할 수 있겠지만, 하나님의 눈으로 볼 때면 둘 다 모세 인생에 있어서 없어서는 안 될 아주 중요한 준비 과정이었을 것이다. 아무도 몰랐다. 당사자인 모세조차도. 아마 모세가 미디안 광야에서의 사십 년의 시절을 보내며 혹시나 하나님이 나중에라도 나타나기를 기대했었더라면, 모세의 팔십 년이 출애굽기 2장으로 끝나지는 않았을 것이다. 그러나 모세는 몰랐다. 아마도 하나님께 버림받은 기분까지도 들지 않았을까?

때로는 어려움을 겪는 당사자도 전혀 깨닫지 못하는 하나님의 은밀한 계획이 있다. 그 당사자는 그 어려움을 겪는 동안 별의 별 생각을 다 하게 된다. 비록 제사장의 딸 십보라와 결혼하여 하나님께 예배는 지속적으로 드릴 수 있었을지언정, 개인적으로는 응답이 없는 서글픈 삶을, 모세는 그런 삶을 살고 있던 것은 아니었을까? 하지만 모세는 어렸을 적 이집트에서 어머니에게 친히 들었던 복음을 끝까지 간직하고 있었을 것이다. 현재 삶의 응답과 열매가 없을지라도, 하나님은 여전히 살아계시고 하나님의 뜻은 쉬지 않고 성취되고 있다는 믿음을 간직하고 있었을 것이다. 나는 지금 나에게 가장 중요한 것이 바로 이것이라고 믿는다. 지금 나의 삶이 과거에 비해, 아니면 남들의 삶과 비해 조금 어려워졌다고 해서 하나님이 살아계시지 않는 것도 아니고, 하나님의 계획이 틀린 것도 아니다. 지금의 내 삶은 반석같이 변함없고 흔들리지 않는 믿음으로 하나님을 신뢰하는 연습이라고 생각한다. 그 와중에 기쁨과 평안을 얻는 것을 연습하는 삶. 남들에게 욕을 먹고 나스스로 실수를 했을지라도 변하지 않는 것에 대한 소망을 잃지 않는 삶. 하나님이 지금 나에게 원하시는 삶일 것이다. 그래서 나는 일용할 양식의 비밀을 맛본 자로서, 티핑 포인트를 향해 오늘도 하나님을 변함없이 신뢰하는 삶으로 묵묵히 앞으로 나갈 뿐이다. 그리고 이것은 내 인생의 본론이 3분의 2가 아닌 10분의 9에 시작되더라도 유지해야 할 삶의 자세일 것이다.

티핑 포인트   Tipping point

1기압에서 물은 섭씨 100도가 되어야만 끓는다. 섭씨 99도로 평생을 기다려도 물은 끓지 않는다. 이 점을 '티핑 포인트'라 부르기도 한다. 네이버 영어사전은 티핑 포인트를 이렇게 정의한다.

'작은 변화들이 어느 정도 기간을 두고 쌓여, 이제 작은 변화가 하나만 더 일어나도 갑자기 큰 영향을 초래할 수 있는 상태가 된 단계'

가정에서 라면을 끓이거나 커피를 마시기 위해 물을 끓일 때를 생각해보자. 가스레인지나 버너로 냄비 혹은 주전자에 계속 열을 가하면서 미리 꽂아놓은 온도계를 가만히 지켜보면, 우리는 금세 온도가 조금씩 증가한다는 사실을 눈으로 확인할 수 있다. 소수점 아래 값이 나오지 않는 디지털 온도계를 이용한다면, 온도는 평상시 물 온도로부터 1도씩 차근차근 증가할 것이다. 그러나 똑같은 1도의 증가가 유독 다른 의미를 갖는 구간이 있다. 바로 99와 100도 사이이다. 98도와 99도 사이도 1도 차이, 99도와 100도 차이도 1도 차이지만, 전자는 물이라는 액체의 상태를 변화시키지 못하지만, 후자는 물을 끓는점에 이르게 하는 커다란 변화를 만들어낸다. 똑같은 1도의 차이인데도 불구하고 말이다. 이것이 바로 티핑 포인트의 의미이다.

티핑 포인트는 생물학에서도 자주 사용되는 개념이다. '역치' 혹은 '한계점'이라고 번역되는 'Threshold' 개념은 티핑 포인트를 이해하는 데 중요한 역할을 한다. 변화를 일으키기 위해 조금씩, 눈에는 보이지 않는 미세한 운동이 점점 누적되다가 어느 순간, 마치 99도에서 100도로 옮겨가는 것처럼, 역치에 이르게 되면 주어진 자극에 대해 반응을 하게 되는 생물의 특징도 티핑 포인트로 이해할 수 있다. 이처럼 아주 작고 평범한 변화가 누적되면서 어느 순간 폭발적인 변화의 순간을 만들어내는 것이다. 철학용어로는 '양질전화Mass Conversion'라고 부르기도 하는 이 티핑 포인트 개념에서 나는 하나님을 신뢰하는 그리스도인의 신앙의 모습을 묵상해본다. 티핑 포인트에 이르기까지 묵묵히 전진해나가는 모습에서 묵직한 감동을 느꼈기 때문이다. 개인적으로 나는 그리스도인의 신앙생활이란 이벤트성이 아닌 일상으로 스며든 삶의 일반이라 생각한다. 우리들의 모든 시간 모든 공간이 하나님 나라로 살아내는 시공간이 되도록 항상 깨어 기도하며 실천해나가는 삶이 그리스도인의 삶이라 믿기 때문이다.

"나아만이 이에 내려가서 하나님의 사람의 말대로 요단 강에 일곱 번 몸을 잠그니 그의 살이 어린 아이의 살 같이 회복되어 깨끗하게 되었더라"(열왕기하 5:14)

나아만 장군은 화가 났지만 자신의 체면과 자존심을 내려놓고 종들의 충고를 들었다. 그 덕에 엘리사 선지자가 말한 대로 요단 강에 일곱 번 들어갔다 나와야 하는 행위를 직접 하게 되었고, 그 결과 비밀스러운 고질병이었던 자신의 문둥병을 깨끗하게 치료받게 된다. 나는 여기서 중요한 것은 일곱 번이라는 횟수라고 생각한다. 보통 사람들은 일을 하는 과정 중에 연속적인 진보가 보여야만 좋은 결과를 기대한다. 그렇지 않으면 대부분의 사람들은 그 일은 안 되는 것이라 판단하고 그만 두고 말기 때문이다. 이런 경우는 본인의 상식과 지식과 경험에 의거한 '민첩한' 판단이 결국 일을 완수하지 못하게 만드는 것이다. 하지만 나아만 장군은 달랐다. 나아만 장군이 여섯 번째 요단강에 들어갔다 나왔을 때만 해도 그의 몸에는 아무런 변화가 없었다. 한 번씩 요단강에 몸을 담글 때마다, 어쩌면 기대했을지도 모를, 7분의 1만큼씩 피부가 점점 치유되어지는 조짐이 전혀 보이지 않았음에도, 그는 거기서 멈추지 않았다. 마지막 일곱 번째까지 행동에 옮겼다. 그 결과, 엘리사의 말대로 거짓말처럼 나아만 장군의 피부는 마치 어린아이의 피부처럼 깨끗하게 치유된다.

> "일곱 번째에 제사장들이 나팔을 불 때에 여호수아가 백성에게 이르되 외치라 여호와께서 너희에게 이 성을 주셨느니라" (여호수아 6:16)

이스라엘 백성들이 여리고성을 엿새 동안 한 바퀴씩 돌다가, 일곱 번째 되는 날 일곱 바퀴를 돌고나서 한 마음 한 목소리로 여리고성을 향해 크게 외쳤을 때 여리고성이 무너졌다. 엿새 동안 한 바퀴씩 돌 때, 혹은 일곱 번째 날 여섯 바퀴까지 돌았을 때에도, 혹시 기대했을지도 모를, 이를테면 여리고성에 조그만 금이 가거나 하는 아무런 낌새가 보이지 않았다. 여전히 여리고성은 강하고 견고하게 이스라엘 백성 앞을 가로막고 서있었다. 그러나 하나님께서 말씀하신 그대로 모두 실행하고 났을 때에야 비로소 거짓말처럼 여리고성이 무너졌다.

만약 나아만 장군이 요단강에 몸을 한 번씩 담글 때마다 7분의 1만큼씩 피부가 깨끗해지는 것을 확인할 수 있었다면 어땠을까? 왜 하나님은 그렇게 하시지 않으셨을까? 만약 그랬다면 나아만 장군은 매번 요단강에 몸을 담글 때마다 그 속도가 점점 빨라지면서 흥도 나고 "진짜 되는구나!"하며 일곱 번 몸을 담그는 과정 중에서도 쾌감을 느낄 수 있었을 텐데 말이다. 마찬가지로, 왜 하나님은 이스라엘 백성들에게 엿새 동안, 아니면 일곱 번째 날 여섯 바퀴를 돌 때까지, 여리고성이 무너지는 점진적인 변화를 보여주시지 않으셨을까? 만약 그랬다면 이스라엘 백성들도 "진짜 되는구나!" 하면서 신이 나서 더 열심히 최선을 다해 서로 기뻐하며 여리고성을 돌 수 있었을 텐데 말이다. 그러나 하나님의 방법은 그렇지 않았다. 하나님의 방법은 티핑 포인트를 기준으로 명확히 그 전과 후가 구분되어지는 것이었다. 물은 섭씨 99도까지 점점 뜨거워지긴 하지만 절대 끓지 않듯, 하나님께서는 나아만 장군으로 하여금 마지막 일곱 번째까지 말씀에 의지하여 요단강에 몸을 담그는 그 행위를 끝까지 하기를 원하셨고, 이스라엘 백성들로 하여금 일곱 번째 날 일곱 바퀴를 돌고 크게 외치는 행위를 끝까지 해내기를 원하셨다. 그래야 비로소 섭씨 100도가 되기 때문이었다.

하나님은 우리에게 우리가 할 수 없는 불가능한 것들을 온힘을 다해 노력해 보라고 하시지 않는다. 그런 노력과 성의를 보고 가장 성실한 자에게 상을 주고 그렇지 않은 자에게는 벌을 주는 그런 분이 아니시다. 요단강에 일곱 번 몸을 담그는 행위, 여리고성을 칠 일 동안 돌며 크게 외치는 행위는 특별한 능력을 가진 이들만 할 수 있는 어려운 일이 아니었다. 오히려 누구나 할 수 있는

과학자의 신앙공부

일이었다. 그러나 동시에 그것이 아주 어려운 것이기도 한 이유는, 앞서 서술한 것처럼 그 일을 행하는 과정에서 사람들은 자신의 눈으로 아무런 점진적인 변화를 볼 수 없기 때문이다. 그래서 미리 포기하는 거다. 어려워서 못하는 게 아니라, 그 동안 자신의 지식과 경험에 위배가 되기 때문에, 그래서 너무나도 확실하게 안 될 것 같아 보이기 때문에 미리 그만 두는 것이다. 이는 물이 섭씨 99도까지 끓지 않는다고 해서 가스레인지의 불을 그냥 꺼버리는 것과 같다. 1도만 더 기다리면 될 텐데 말이다. 우리 주위에는 섭씨 99도까지 기다리다가 불을 꺼버리는 사람도 있을 테고, 섭씨 70도 밖에 안 되었는데도 미리 꺼버리는 사람도 있을 것이다. 나는 이것이 바로 하나님이 일을 하시는 방식 중에 하나라고 믿는다. 하나님은 이처럼 우리의 이성과 경험을 우스갯거리로 만드시는, 소위 '어이가 없어 보이는' 일을 하게 하시면서, 게다가 그런 일을 하면서도 아무런 변화를 느낄 수 없도록 하시면서 우리에게 원하시는 것은 도대체 무엇일까?

나는 하나님이 우리에게 원하시는 것은 다름 아닌 '믿음'이라고 생각한다. 만약 도중에 점진적인 변화를 볼 수 있게 된다면, 우리 인간들은 그 눈에 보이는 점진적인 변화 때문에 처음에 받았던 지침 말씀의 중요성을 상대적으로 잊어버리게 되고, 점점 말씀에 의지하여 행동에 옮기는 게 아니라, 점점 되어져가는 중간 결과들을 보고, 그것에 의지하여 행동에 옮기게 될 것이다. 하지만 이렇게 객관적인 중간 결과물이 자신의 눈앞에 보인다면, 믿음이 없이도 누구나 그 행동을 할 수 있지 않을까? 오히려 믿음은 없는데도 그 최종 결과물을 원하는 사람들이 몰려와 그 행위를 하려고 들지 않을까? 그렇게 되면 그 순간 이 행위 자체는 본질을 잃어버리게 된다. 본질은 하나님 말씀에 의지하여 그 믿음의 반응을 보였을 때, 하나님께서 최종 결과물로 응답하신다는 것이다. 하지만, 위와 같은 사태가 벌어지게 되면 더 이상 그 사람들의 행위는 믿음의 반응이라 할 수 없을 것이다. 눈에 보이는 중간 결과가 아무것도 없더라도, 앞길이 캄캄하게 느껴지더라도, 다른 것 아닌 오로지 하나님의 말씀만 믿고 의지하여 끝까지 가는 것. 이것이야말로 하나님께서 우리에게 원하시는 게 아닐까? 그리고 하나님은 우리들이 하나님의 말씀을 절대적으로 의지하게 되는 상황을 잘 아셔서, 그 행위를 하는 동안 점진적인 변화를 일부러 모르도록 만들지 않으셨을까?

티핑 포인트까지 묵묵히 가는 행위. 이것은 믿음 없이는 불가능하고, 자신의 지식과 경험에 의지할 때도 불가능하다. 그러나 도중에 '과연 될까?'하는 조심스러운 질문이 들더라도 말씀을 의지하여 끝까지 갈수 만 있다면 아무 의심이 없어야만 된다는 전제는 그렇게 중요한 일은 아닐 것이다. 오히려 의심이 들 때는 적극적으로 질문하고 그 답을 알기 위하여 몸부림치는 행위가 온도를 1도 올리는 역할을 하게 될지도 모른다. 나는 하나님의 시간표는 가장 정확한 시간에 분명히 오게 되어 있다는 것을 믿는다. 다만 우리는 말씀에 의지하여, 그 말씀대로 끝까지 순종하면 되는 것이다. 눈에 보이지 않는 응답이 지금 당장 보이지 않아도 괜찮다. 처음 받았던 그 말씀을 믿고 끝까지 가보는 것. 이것이 바로 하나님을 신뢰한다는 표현 아닐까?

일용할 양식

Daily Bread

모든 생물은 나름대로의 음식을 섭취하여 소화하고 영양분을 흡수하여 에너지로 만든 뒤 하루를 살아간다. 가만히 서있는 것만 같은 나무도, 쉬지 않고 움직이는 부지런한 개미도, 그리고 만물의 영장이라고 불리는, 하나님 형상을 가진 인간도 모두 마찬가지다. 동물원의 동물들을 보면 그들의 일과는 아주 단순하다. 먹고 자고 싼다. 동물들은 본능을 따르는 삶을 살아가는 것이다. 인간은 이런 면에서 동물과 구별된다. 인간은 존재와 인생의 의미를 묻고 찾으며, 언제나 눈에 보이는 것만이 아닌 그 너머를 사유하는 유일한 존재이기 때문이다. 그렇다고 해서 인간이 먹고 자고 싸는, 본능적인 행위로부터 해방되었다는 말은 아니다. 인간 역시 모든 동물과 마찬가지로 이러한 기본적인 행위에 묶여 있다. 모든 인간도 먹고 자고 싼다. 왜 먹느냐고 묻는다면, 앞에서 얘기한 것처럼 과학적인 답을 할 수도 있겠지만, 그러한 과학지식이 없던 때에도 인간은 다른 생물들과 마찬가지로 항상 먹는 행위를 지속해왔다. 먹는 것을 좋아하는 사람도 있지만, 귀찮아하는 사람도 있다. 후자의 경우는 그저 배만 고프지 않으면 되는 부류에 속한다. 이들 중 극단적인 경우는 매일 식단을 고려해야 한다는 사실까지도 경멸의 눈으로 바라보는 사람들이다. 마치 먹는 행위를 하면 자기가 동물 취급이라도 받는 것처럼, 마치 인간의 존엄이 해치기라도 하는 것처럼 느끼는 사람들이다. 그러나 이렇게 극단적인 사람들조차도 결코 먹는 행위를 그만 둘 수는 없다. 그들도 매일 꼬박꼬박 먹어야 살 수 있기 때문이다. 그렇게 경멸하고 불평하는 것도 먹는 행위를 지속하기 때문에 가능한 것이다. 나는 우리에게 너무나 익숙해진 먹는 행위에서 '일용할 양식'을 주시고, 또 그것을 우리에게 구하라고 하신 하나님의 말씀을 묵상해본다. 이 묵상으로부터 나는 종말론적인 시각으로 '지금, 여기'를 살아내는 하나님백성의 정체성을 다시 한 번 확인할 수 있었으며, 오늘의 중요성과 하나님을 향한 신뢰의 중요성을 다시 깨달을 수 있었다. 감사가 회복될 수 있었다.

귀찮음과 부담감

출애굽 후 광야 40년이란 세월동안 하나님께서는 만나와 메추라기를 통하여 이스라엘 백성들을 먹이셨다. 여기서 중요한 것은 안식일을 제외한 모든 날 일용할 양식이 제공되었다는 사실이다. 그런데 하나님께서는 절대로 일주일치 혹은 한 달 치를 미리 공급해 주지 않으셨다. 물고기 두 마리와 떡 다섯 개로 오천 명을 먹이시는 하나님께서는 단 일 초만에도 광야 40년 간 이스라엘 백성들이 먹고도 남을 음식을 제공할 수도 있으셨을 것이다. 하지만 하나님께서 택하신 방법은 바로 '일용할 양식' 이었다. 예수님께서 가르치신 기도인 「주기도문」에서도 이와 같은 맥락을 찾아 볼 수 있다. 하나님께 일용할 양식을 구하라고 하신 부분이다. 한 번에 일 년치나 백 년 치도 주실 수 있으신 하나님께, 어찌 보면 참 쩨쩨하게, 자신의 제자들에게 단 하루의 먹을 것만을 구하라고 가르치신 것이다. 왜 하나님께서는 '일용할 양식'에 그토록 의미를 두셨을까? 혹자는 구약 성경의 배경이 되었던 시대에 냉장고 같은 저장고가 없었기 때문이라고 말할 수도 있겠지만, '일용할 양식'에는 그 이상의 의미가 있음이 분명하다. 인간은 합리적인 판단을 위해 '효율'이라는 단어를 즐겨 사용한다. 그러한 측면에서 보자면, 한 번에 대량 생산하여 대량 공급하는 것이 매일 소량을 지속적으로 공급하는 것보다 훨씬 더 효율적이라고 할 수 있다. 즉, 이렇게 보자면 하나님의 '일용할 양식'의 방법은 지극히 비효율적이다. 이 방법은 공급자나 수요자나 모두 똑같은 작업을 매일 반복해야 하는 귀찮음이 수반되어야 가능한 일이며, 하루도 빠뜨리는 일 없이 완벽하게 체크해야 한다는 부담감도 따르게 된다. 미래를 미리 준비하는 사람의 경우에는 자신의 수중에 오늘 먹을 것 밖에 아무것도 남은 게 없다는 사실 때문에 심히 불안해 할 수도 있다. 그리고 별 생각 없이 배부르면 된다는 사람의 경우에는 매일 똑같은 음식에 싫증나서 자신이 광야 한복판에서 자칫하다간 굶어죽을 수 있는 상황이었고, 오직 하나님 덕분에 먹을 것을 구할 수 있다는 사실조차 잊어버린 채 불평을 해댈 수도 있다. 이런 여러 가지 문제들이 연출되는 것은 모두 하나님께서 이스라엘 백성과 의논도 하지 않으신 채 일방적으로 결정하시고 실행해 버리신 '일용할 양식'의 방법 때문이다. 그러나 귀찮음과 부담감, 염려와 불안, 그리고 불평과 불만. 나는 바로 여기에 하나님의 비밀이 있다고 믿는다. 우리 그리스도인들은 매일 하나님을 인격적으로 만나는 시간을 가져야만 하고, 이것이 그리스도인으로서 당연한 삶이다. 하지만 대부분의 사람들은 구원 받기 전 체질의 여파로 이러한 하나님과의 지속적인 만남을 귀찮음으로 여기고 못내 부담스러워 기피하기 일쑤다. 하나님의 은혜는 부흥회나 집회 같은 곳에서 일주일 치나 한 달 치, 혹은 일 년치를 한꺼번에 받아 놓을 수 없다. 성령의 내주하심과 인도하심은 구원 받은 이후 나의 상태와 상관없이 비가역적Irreversible이지만, 성령의 충만은 가역적Reversible

이기 때문이다. 즉, 영적인 양식인 하나님의 은혜와 성령의 충만함을 올바르게 체험하는 방법은 '일용할 양식'을 구하는 것처럼 매일 지속적으로 기도와 간구함으로 하나님께 아뢰는 것이다.

염려와 불안

현명한 사람은 미리 자신의 미래를 준비하는 법이다. 만일의 상황에 대하여, 또는 지금 하고 있는 일의 그 다음 단계의 일이 보다 효율적으로 진행될 수 있도록, 미래를 위하여 현재를 투자한다. 이러한 사람들의 과거는 미래를 더욱 성공시킬 수 있는 경험과 시행착오 과정의 역할을 충실히 하며, 현재는 그러한 과거의 발판 위에서 미래를 준비하는 시간에 불과하다. 이런 종류의 사람은 보통 엘리트 계층에서 쉽게 찾아 볼 수 있는데, 성공하기 위한 아주 중요한 요소 중 하나가 바로 철저한 준비이기 때문이다. 자기 관리, 시간 관리, 그리고 사람 관리. 이 모두가 바로 성공이란 한 단어를 위해 존재하는 것이다. 혹자는 성공이란 말이 부담스러워 행복이라는 단어로 부르기도 한다. 하지만 나의 개인적인 견해는 성공이든 행복이든 이런 것들이 인생의 목표가 되어서는 안 되며, 만약 그렇게 됐다면 그 인생은 마침내 실패와 불행을 맛볼 시간표를 향해 달려가고 있다고 생각한다. 왜냐하면 인간은 미래를 내다볼 수 있는 능력이 없으며, 자신이 추구하는 성공과 행복을 보장할 그 어떠한 힘도 없기 때문이다. 하나님이 없다고 말하는 사람의 생사화복生死禍福조차도 하나님의 손 안에 있기 때문에, 처음과 나중을 모두 알고 계시는 하나님을 부인하고 의지하지 않고서야 어떻게 참 성공과 참 행복을 누릴 수 있으랴!

하나님의 방법은 이러한 성공의 방식을 모두 거스른다. '일용할 양식'은 바로 오늘, 즉 과거도 미래도 아닌 현재에 그 초점을 맞춘다. 성공지향적인 사람들에 있어서 한 순간에 불과하다고 치부되는 현재라는 시점을 하나님께서는 크게 보고 계신 것이다. 그 이유는 오늘 하나님을 누리는 것이 가장 효과적인 미래의 준비이며, 과거의 치유이기 때문이 아닐까? 하나님께서는 하루도 빠짐없이 일용할 양식을 공급해 주신다. 가족 구성원이 둘이라면 두 명이 먹을 양식을, 자녀가 있어 셋이라면 세 명이 먹을 양식을, 넷이나 다섯이라면 네 명이나 다섯 명이 먹을 양식을 공급해 주신다. 하나님께서는 때로는 기적 같은 일을 통해서라도 실수 없이 당신의 자녀들에게 일용할 양식을 공급하신다. 예수님을 구주로 영접한 이후 하나님의 자녀가 된 자들에게는 미래가 보장되어 있는 것이다. 하나님의 자녀가 기도해야 할 것을 가르치시는 대목에서 하나님께서는 입을 것과 먹을 것에 대해서는 구하지도 말라고 하셨다. 이는 입지도 먹지도 말고 하나님을 섬기라는 뜻이 아니다. 인간을 지으신 하나님께서는 입을 것과 먹을 것은 인간에게 꼭 필요한 것임을 잘 알고 계시므로 당연히 채워 주신다는 뜻이다.

나는 이러한 하나님의 방법을 여러 번 체험한 적이 있다. 아무

연고도 없는 미국 땅에 '가라' 라는 말씀에 의지하여 정든 한국 땅을 떠나 낯선 미국 땅에 왔을 때에도 하나님께선 모든 것을 예비해 놓으셨다. 내 월급으로 모자라는 경제적인 부분에서도 하나님께서는 미국 시민들의 세금으로 만들어진 장학금Fellowship을 받게 하심으로써 딱 맞게 채워 주셨다. 즉, 하나님을 의지했을 때 낯선 땅에서도 아무런 부족함 없이 하나님 자녀로서 살아갈 수 있도록 도우시는 것을 보고 느끼고 체험했다. 그러므로 함부로 일반화시킬 수는 없지만, 미래에 대해서 염려하고 불안해하는 하나님 자녀들이 있다면, 이는 여전히 하나님을 방법인 '일용할 양식'을 제대로 체험해 보지 못했거나, 아직도 하나님을 의심하고 있거나, 아니면 여전히 자신의 방법을 하나님의 방법보다 더 신뢰할 만하다고 믿고 있기 때문이지 않을까 싶다. 하나님의 '일용할 양식' 방법에는 인간의 나약한 부분, 바로 염려와 불안을 뛰어넘도록 만드는 것이 다름 아닌 하나님을 향한 믿음과 신뢰라는 사실을 각자가 스스로 증명하여, 그 믿음과 신뢰를 더욱 견고하게 만들도록 하는 하나님의 사랑과 배려가 숨어 있는 것이다.

불평과 불만

매일 일용할 양식인 만나를 주셨음에도 불구하고 불평과 불만이 가득한 삶을 살고 있는 이들은 은혜를 받고 그것이 은혜인 줄도 모르는, 한 마디로 배은망덕한 하나님의 자녀들이라고 할 수 있다. 그런데 어쩌면 이들은 우리 자신일 수도 있다. 불평과 불만이 가득한 이들은 오늘 먹을 양식을 다 먹고 나면, 내일도 그 양식이 공급될 것이라고 의심하지 않고 믿는다. 하지만 그들의 마음에는 감사가 없다. 형식적인 예배와 외식적인 기도 생활에 물들어 버려, 하나님과의 인격적인 만남도 가져본 지 오래전 일이 되어버렸다. 마치 만나로는 부족함을 느껴, 고기가 먹고 싶어 광야에서 하나님께 불평과 불만을 내뱉는 이스라엘 백성들과 흡사하다. 하지만 하나님께서는 이러한 불평과 불만도 받아 주시고 메추라기를 공급해 주신다. 하나님의 선하심과 인자하심이다. 그러나 알다시피 그들은 이렇게 하나님의 은혜를 받지만, 결국 약속의 땅 가나안 땅에는 입성하지 못한다. 광야에서 모두 죽음을 맞이하게 되는 것이다. 즉, 사망에서 생명으로 신분이 바뀌어 죽어서 하나님 백성으로 살아가지만, 현실에서 하나님 나라를 맛보지 못하며 오히려 하나님을 믿지 않는 사람들보다도 실패된 인생을 살아가는 신자들과도 같다.

"아무 것도 염려하지 말고 다만 모든 일에 기도와 간구로, 너희 구할 것을 감사함으로 하나님께 아뢰라" (빌립보서 4:6)

우리는 여기서 감사의 중요성을 알 수 있다. 불평과 불만은 감사의 부재에 기인한다. 빌립보서 4장의 말씀을 떠올릴 때, 우리는

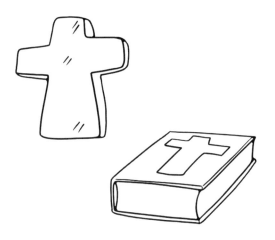

한 번 더 불평과 불만을 일삼는 일은 하나님의 말씀에 위배됨을 볼 수 있다. 하나님께서는 우리를 구원하시고 또한 육의 몸을 입고 있을 때에도 하나님의 나라를 누리며 살아가기를 원하신다. 바로 여기에 '일용할 양식'의 비밀이 숨어 있다. 매일 하루 먹을 만큼의 양식이 제공되는 것은 불평과 불만의 이유가 될 수도 있지만, 지속적인 감사의 제목도 될 수 있는 것이다. 하나님은 '일용할 양식'의 방법을 통하여 우리들이 불평과 불만이 아닌 감사의 생활을 영위할 수 있기를 원하시는 것이다. 하나님께서는 친히 당신의 자녀에게 모든 것을 예비해 놓으신다는 것을 지금도 의심 없이 믿는다. 그리고 이러한 나의 믿음은 나의 모든 선택과 결정에 결정적인 영향을 미친다. 사람들은 나에게 미래의 계획을 묻곤 한다. 미국에 몇 년이나 더 있을 예정인지, 한국에는 언제 들어올 예정인지 궁금해 한다. 그럴 때 마다 나는 이렇게 대답한다. 하나님께서 미국으로 가라고 하셔서 미국에 왔던 것처럼, 다시 미국을 떠나라고 하실 때 떠날 것이고, 한국으로 들어가라고 하실 때 들어갈 것이라고. 하지만 때와 기한은 전혀 알지 못한다고. 나는 일용할 양식의 비밀을 은혜로 알게 된 한 하나님의 백성으로서, 그저 오늘도 묵묵히 하나님 나라를 살아내고 싶을 뿐이라고. 바로 오늘이 하나님께서 나를 위해 친히 예비하신 축복의 날이고 일용할 양식임을 믿는다. 그래서 하나님이 주신 일용할 양식이면 아무것도 두렵지 않다. 일용할 양식만으로도 하나님이 나와 함께 하신다는 것을 믿기 때문이다.

'과학과 신학의 조화'라는 다소 거창한 주제를 말하면서 '일용할 양식'처럼 과학이 전혀 들어가지 않는 글로 마무리 한다는 것이 어색하게 보일지도 모르겠다. 하지만 이는 지극히 나의 개인적인 신앙고백이기도 하고, 이 책을 쓰게 된 개인적인 이유이기도 하다. 냉철한 과학적 사고를 한다고 해서 그리스도인으로서의 기본적인 신앙, 즉 날마다 하나님의 은혜를 구하고 그 은혜로 살아가는 삶이 결코 축소되거나 사라지지 않는다는 점, 오히려 더 깊고 풍성해질 수 있다는 점을 보여주고 싶었다. 과학과 이성의 능력, 그것들을 잘 사용할 수 있는 능력의 근원이 궁극적으로는 하나님의 은혜에서 비롯된다는 점을 소소하게나마 보여주고 싶었다. 또한, 앞서 언급한 것처럼 과학과 신학이라는 대단하고 거대한 정의를 논한다 한들, 먼저 내 안에서 공명되지 못하면 한낱 울리는 꽹과리에 지나지 않을 것이기 때문이다. 그래서 마지막 4장은 날마다 일용할 양식을 공급 받으며 살아가는 한 생물학자의 개인적인 신앙고백으로 이 책을 마무리 하려고 한다.

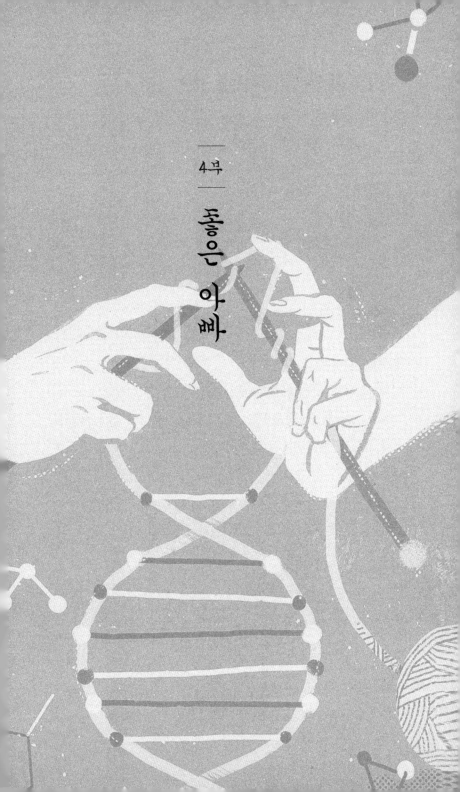

4부

좋은 아빠

아들과 단 둘이 보낸 3년

"좋은 아빠가 되고 싶습니다."

한참을 생각한 후 목장 모임에서 내놓은 내 기도제목이다. 4개월만 지나면 3년 만에 다시 세 식구가 함께 살 수 있게 되던 즈음이었다. 하루에도 몇 번씩 불쑥 생각 날 때마다, 신이 나서 춤을 추고 싶을 만큼 행복하고 감사한 마음이 들던 때였다. 그러나 이상하게도 내 마음 한편에는 후회가 잔뜩 섞인 아쉬움도 자리하고 있었다. 한 세계의 시작은 또 다른 세계의 끝을 자연스럽게 동반하듯, 우리의 새로운 시작은 3년간 아들과 나와 함께 했던 단 둘만의 시간의 끝도 의미하기 때문이었다. 다섯 살 아들이 여덟 살이 되기까지의 성장과정을 고스란히 옆에서 지켜볼 수 있었다는 것은 아빠라는 존재에게 있어서 결코 부인할 수 없는 커다란 축복이다. 하지만 그 축복 속에서도 우리에게 엄마와 아내의 부재 또한 엄연한 현실이었다. 물론 혼자 떨어져 외롭게 고전했던 아내의 눈물과 수고는 우리의 새로운 시작의 자양분이 되었다. 그럼에도 불구하고 엄마의 부재는 아이를 혼자 돌봐야만 하는 아빠에게 있어서는 치명적이었다. 특히 나처럼 독단·독선·교만의 캐릭터를 가진, 게다가 성공을 목표로 가족을 데리고 미국까지 온 인격 미달의 한국 남자에게 있어서는, 그것은 곧 절망적인 포기를 의미했다. 나의 시대가 끝남을 알리는 메시지였다. 돌아보니 정확히 시간이 겹친다. 미국에 와서 내게 깊이 각인되어 있던 성공이라는 가치관이 송두리째 뿌리 뽑힐 만큼 내 자신의 민낯을 대면하게 되고, 힘들었지만 그것을 부인하지 않고 받아들였던, 그래서 낮아질 수밖에 없었던 인고의 시간이 2014년, 미국 온 지 3년 만에 나에게 찾아왔던 것이다. 아내가 보스턴으로 가고 나와 아들이 클리블랜드에 남아 서로 헤어져 3년을 살아야만 했던 그 시작도 그때 함께 찾아왔다.

모든 것을 다 잃어도 정말 괜찮을 것 같은 생각에까지 이르렀을 때, 비로소 나는 다시 일어나 그 동안 녹슬었던 근육을 움직이기 시작했다. 언제나 변함없으신 하나님의 존재하심과 함께하심이 나에게는 유일한 위로와 소망이었으며, 보이지 않는 것들에 대한 나의 믿음을 견고하게 만들어 주었다. 마음에 확신이 생겼고, 미래가 두렵지 않았다. 나도 모르게 손에 쥐고 있었던 것을 하나씩 발견하고 내려놓게 되면서 홀가분해졌다. 비로소 무거운 짐을 벗어버린 듯했다. 나도 수고하고 무거운 짐을 진 자였던 것이다. 기쁘게 하나님께서 내게 주신 것들을 살펴보고 감사하며, 그것들을 기반으로 오늘을 시작했고 내일을 계획했다. 다시 태어난 기분이었다. 상황이 달라진 것은 하나도 없었다. 그러나 내가 바뀌었던 것이다. 두려움과 절망과 한숨과 자책과 분노와 원망의 마음이 말끔히 사라져 버렸음이 너무나도 신기했다. 또한 1년 넘게 정말 성실하게도 나를 괴롭혔던 편두통도 사라졌다.

클리블랜드 클리닉에서 발생했던 그 일련의 사건들로부터 결국 하나님께서는 내 안에서 나의 새로운 시작을 준비하고 계셨던 것 같다. 나의 새로운 시작은 비단 영적이나 정신적, 그리고 육신적인 치유에 그치지 않았다. 새로운 곳, 전혀 예상하지 못했던 곳, 인디애나 의과대학으로의 문이 열렸던 것이다. 그렇게 2015년이 되면서 클리블랜드를 떠나 가까스로 인디애나로 옮기면서 나는 새로운 삶을 시작할 수 있었다. 그러나 그렇게나 힘들게 그 과정들을 거쳤건만, 아직까지도 내 안에는 이 빌어먹을 자존심과 몹쓸 이기심이 여전히 고개를 쳐들고 있음을 느낀다. 해맑은 아들의 눈을 보면, 설거지하고 청소하느라 바쁜 와중에 혼자 앉아서 장난감을 가지고 놀고 있는 아들의 뒤통수를 보면, 눈물이 왈칵 쏟아지면서, 여전히 내 안에 남아 있는 나의 더러운 모습 때문에 마음이 아프다. 더 절망스러운 것은, 늘 옆에 있는 천사 같은 아들에게

나도 모르게 뜻하지 않았던 상처를 줄 수도 있었다는 것이다. 그런 것들이 체감될 때면, 나는 억장이 무너진 채 하나님 앞에서 무릎을 꿇고 진심으로 사죄하며 아들의 축복을 빈다. 정말 중요한 것은 이렇게 내가 경험했던 모든 과정을 사심 없이 처음부터 끝까지 나와 함께 하며 바라본 목격자가 있는데, 그가 바로 내 아들이라는 사실이다. 아들은 모든 걸 다 봤다. 대부분의 아빠의 감정과 겉으로 드러난 모습들의 변화를 이해하지는 못했겠지만, 그래도 아들은 묵묵히 나와 함께 있어 주었다. 그때 내게 아들이 없었다면, 내가 과연 그 과정을 견뎌낼 수 있었을까? 매일 밤, 밥을 먹이고 목욕을 시키고 책을 읽어주고 하나님 말씀을 짧게 전달해주고 잠든 아들의 모습을 바라보며 눈물 흘렸던 그 많은 나날들은 지금 생각해도 꿈만 같다.

아들을 혼자 키워야만 하는 상황이라 생각하며 억울해하고 분노해하는 감정이 있었던 것은 순전히 나의 왕국이라는 프레임에 갇힌 좁은 생각이었음을 깨닫는다. 아들은 나에게 있어 내가 혼자 키워야 하는 짐이 아니라, 하나님이 주신 선물이자 천사였고, 그 오염된 삶의 청정기였다. 하나님은 나에게 고통을 가중시키기 위해서가 아니라, 오히려 고통을 덜고 살아남을 수 있도록 아들을 붙여주신 것이었다!

5개월 된 아들의 이상증상

아들이 태어난 지 5개월째 되던 어느 더운 날이었다. *끄윽~ 끄윽~* 아들의 숨넘어가는 소리에 잠을 깼다. 새벽이었다. 창문은 활짝 열려 있었고, 대기는 싸늘했다. 아기 침대로 다가갔다. 입과 눈이 한 쪽으로 돌아간 채 가까스로 숨 쉬고 있는 아들을 발견했다. 하늘이 하얗고 눈앞이 캄캄했다. 귀에 들릴 정도로 내 심장은 쿵쾅거렸다. 아내는 아들을 들고 얼른 담요를 덮어서 품에 안았다. 나는 즉시 슬리퍼를 신고 아파트를 나와 택시를 잡았다. "길병원 응급실로 가주세요!" 택시를 타고 응급실로 달려가는 동안 한 쪽으로 돌아갔던 아들의 눈과 입은 다행히 정상으로 돌아왔고, 엄마 품에 안겨 평온하게 잠이 들었다. 창문을 너무 활짝 열어놓아 이렇게 된 것일까? 우리의 머리는 문제의 원인을 찾기 위해 재빠르게 돌아가기 시작했다. 아들과 같이 자다가 얼마 전부터 아기 침대에 재우기 시작했기 때문에 이렇게 된 것은 아닐까? 여러 가지 생각이 스쳤다. 그리고 아니나 다를까... 왠지 모를 죄책감이 쓰나미처럼 몰려왔다.

의사의 조언대로 좀 더 지켜보기로 했다. 혹시라도 오늘 새벽과 비슷한 상황이 발생할 수도 있기 때문이었다. 우리 부부는 아무것도 모르는 듯 웃고 있는 아들을 보며, 조마조마해 하면서도 아무 일도 없었던 것처럼 바라보고 있었다. 그러나 평소와 다른 아들의 모습을 몇 십분 만에 다시 발견할 수 있었다. 품에 안겨 잘 놀다가도 갑자기 몇 초간 전기가 한꺼번에 나간 것처럼, 아들의 몸이 전체적으로 현저히 느려지는 상태가 두세 번 반복됐다. 확실했다. 이전에는 없었던 현상이었다. 분명 뭔가 잘못된 것이었다. 두려웠다. 무서웠다. 잘못되었다는 것을 제 눈으로 확인할 때만큼, 절망적이고 애처로운 순간이 또 있을까! 여러 간호사와 의사들을 거쳐가며 그들의 동일한 질문에 동일한 답을 하는 우리의 반응이 점점 기계적으로 변해갈 무렵, 우리는 아들을 보살펴줄 담당의사가 휴가라는 통보를 받았다. 학회 차 해외에 갔기 때문이었다. 그러나 응급실에서 일분일초라도 빨리 퇴근하고 싶은 생각에 가득 찬 레지던트들에게 화를 내봤자 아무 소용이 없다는 것을 잘 알고 있던 아내가 흥분한 나를 진정시켰다. 그 병원에서는 다른 병원을 알아봐주겠다며 인천에 있는 다른 병원에 연락 했다. 그런데 그곳의 의사도 해외 학회에 갔다는 것이었다. 그런데 그때 아내가 졸업한 충북대학교가 생각났고 확인해 보니 그곳의 담당 의사는 자리를 지키고 있었다. 그 즉시 아내와 아들은 앰뷸런스를 타고, 나는 2000년 식 중고로 구입한 수동 자동차 누비라를 몰고 고속도로를 올랐다.

비록 고속도로를 누비지는 못했지만, 누비라를 끌고 충북대학교 응급실로 도착했더니 이미 아들의 여러 가지 검사 스케줄이 잡혀 있었다. 혈액 검사는 기본으로 예상했었지만, 아직 말도 못하고 걷지도 못하는 생후 5개월 아기에게 주사바늘을 찌른다는 것 자체가 벌써부터 내 마음을 불편하게 했다. 그런데 뇌파 검사와 브레인 CT, 브레인 MRI까지 해야 할지도 모른다는 말에 나는 순간 숨이 멎는 듯했다. 그때 나이로 서른 중반이었던 나도 한 번도 못 해본 검사들을 생후 5개월의 아이가 감당해야 한다고 생각하니 아찔하기만 했다. 채혈을 위해 간호사가 아들의 혈관을 찾을 때였다. 간호사가 팔이 아닌 아들의 손을 알코올로 소독하고 손등에 주사바늘을 갖다 대려고 하는 것이었다. 도대체 이게 뭐하는 짓이냐며 또 흥분하며 한 마디 하려는 순간, 간호사가 눈치 챘는지, 성인과는 달리 소아 채혈 시에는 손등 정맥을 사용한다고 말해줬다. 그런데 몇 분후 결국 흥분할 상황이 벌어졌다. 이번에는 아내 차례였다. 간호사가 혈관을 찾지 못해 벌써 세 번째 시도를 하고 있던 순간이었다. 아내의 한 마디에 그 간호사의 선임자인

듯해 보이는 다른 컬러의 옷을 입은 간호
사로 변경이 되었고, 다행히 바뀐 간호사
는 능숙하게 한 번에 혈관을 찾아 피를
뽑기 시작했다.

아내가 존경하고 잘 아는 신경과 교수
님께서 아들이 입원해 있는 병실로 직접 찾아 오셔서 조언을 해주
셨다. 경기 혹은 경련을 일으키는 아이들은 많지만, 대부분 원인
이 열이라고 하셨다열경기. 열성경련. 그러나 우리의 경우는 불행하게
도 그 '대부분'에 속하지 않았다. 열성경련은 아이들이 크면서 한
두 번씩 하게 되고, 그 이후 발달과정에 아무런 영향을 주지 않지
만, 우리 아들 같은 케이스는 뇌에 근본적인 문제가 생겼을 가능
성이 높다고 하셨다. 그러나 아직 너무 어리기 때문에, 의학적인
진단과 결정은 아니지만, 일단은 두고 보며 부모가 잘 관찰해 보
는 게 어떻겠냐고 제안하셨다. 혈액검사와 같은 기본적인 검사 결
과에 의해서 판단해 볼 땐 적어도 감염은 아니었고, 아주 정상적
인 발달을 하고 있다고 결론내릴 수밖에 없기 때문이었다. 그리고
한 마디 덧붙이셨던 것은, 한 번 경련약을 먹기 시작하면 쉽게 끊
을 수가 없고, 어쩌면 평생 먹어야 할 수도 있기 때문에, 약을 먹
일지 결정하는 것은 부모에게 아주 중대 사안이라고 하셨다. 그
의사 선생님은 아들의 발작을 간질일 확률이 높다고 판단하고 계
셨던 것이다.

간질

간질Epilepsy은 의식상실, 전신의 경련발작이 주요 증상인 질환의 총칭이다. 내인성이며 원인불명의 진성 간질과, 뇌종양, 두부외상, 뇌매독, 요독증, 알코올중독 등이 원인인 증후성 간질의 2종류가 있지만, 그 증상이 같아 뚜렷하게 구별하지 않는다. 전형적인 경련발작대발작은 단시간의 전조현상 후 갑자기 의식을 상실하고 강직성 경련, 이어 클로누스성 경련Clonic Convulsion을 거쳐 수면기로 들어간다. 그때 수많은 뇌신경세포가 비가역적 손상을 받는다고 한다. 『생명과학대사전』에서 정의하는 간질에 따르면, 아들의 병은 원인불명의 진성 간질Genuine Epilepsy일 가능성이 높았고, 갑자기 온몸에 전기가 나간 것처럼 힘이 빠지고 느려졌던 증상은 아들이 아주 잠깐씩 의식을 잃고 있었던 가능성이 높았다. 다행인

섯은, 우리가 첫 날 발견했던 것처럼 눈과 입이 한쪽으로 돌아가는 심한 증상은 그 이후로 한 번도 없었다는 것이고, 그렇기 때문에 우리는 의사 선생님의 조언을 신중하게 받아들이기로 했다. 일단은 퇴원하기로 결정했던 것이다. 간질 약을 먹이지 않는 이상, 입원해서 링거액만 맞는다고 해결될 문제가 아니었던 것이다.

우리의 이런 돌발적인 상황의 발생에, 그 당시 다니고 있던 교회의 목사님을 비롯한 교회 가족들이 아들의 소식을 전해 듣고 모두 걱정해 주시며 기도도 많이 해주셨다. 그런데 그 중 기억에 강하게 남는 분이 계셨는데 우리가 평소에 가장 친하게 지냈던 장로님이었다. 인천에서 청주까지, 아들이 입원한 그 다음 날 새벽 2시쯤에 차를 끌고 충북대병원까지 직접 병문안을 오셨던 것이다. 그 장로님은 서울에서 한의원을 운영하고 계신데, 바쁜 일정 가운데도 우리를 위해 기도하다가 아무래도 직접 가서 얼굴 보고 기도해주고 싶다는 생각이 강하게 들어서 실행에 옮겼을 뿐이라고 하셨다. 아니, 그래도 그렇지. 꼭두새벽에 피곤하실 텐데 잠까지 포기하시고, 심지어 가족도 아닌데, 먼 길을 오셨다는 사실에 우리는 몸 둘 바를 몰랐다. 지금 생각해도 과분한 사랑이었다. 장로님은 한 시간 정도 우리와 이런저런 이야기를 나누며 위로를 해 주셨고, 링거액을 맞으며 곤하게 잠들어 있는 아들에게 기도를 해주시고는 다시 인천으로 돌아가셨다. 인천에 도착하면 해가 뜰 무렵이었을 것이고 곧 출근 준비를 하실 시간이었을 것이다. 너무나 황

송한 마음이 들었고, 나는 이런 다짐을 하지 않을 수 없었다. '꼭 나도 장로님과 같은 인성과 영성을 가진 사람이 되어야지...' 그때 분명히 알 수 있었다. 사랑은 겸손하지만 적극적으로 표현하는 것이다. 내가 받았던 사랑을 증폭시켜 남에게 주는 것이다. 그리고 그 증폭과정에는 자신의 희생이 필연적으로 수반된다.

우리는 다시 인천으로 돌아왔고 아들의 순간 정전 현상이 점점 줄어들어 하루에 한 번도 발생하지 않기까지 했다. 정말 다행이었다. 과학적으로도 의학적으로도 설명할 수 없는 현상이었지만, 어쨌거나 상황은 좋아지고 있음이 틀림없었다. 우리는 별 감사도 없이 정말 큰일 날 뻔했다는 생각으로, 마치 독한 감기 한 번 앓고 난 것처럼, 그렇게 다시 일상생활을 시작했다. 그런데 그것도 며칠이었다. 아들의 이상 증상이 재발했고 빈도수도 늘었으며, 설상가상으로 그 정전되는 시간까지도 늘어난 듯했다. 요행을 바랐던 내가 참으로 한심하게 느껴졌다. 나는 다시 자괴감에 빠져들기 시작했다. 원인을 모르는 증상이기 때문이었을까? 나와 아내의 절망적인 슬픔의 원인도 무엇인지 분간하기가 힘들었다. 그저 때로는 분노가 치밀었고, 때로는 하나님을 원망했고, 때로는 서로에게 상처 주는 말로 싸우기도 했다. 아들은 그저 눈을 끔뻑끔뻑할 뿐이었고, 우리의 다툼은 과연 누구를 위한 것이었는지 알 수 없었다. 모든 것들이 의미를 잃어갔고, 모든 것이 어둡게 보였다. 희망이라고는 한 움큼도 없이 모두 증발해 버린 것만 같았다. 기도조차

하기 힘들었다. 하나님께 의지하고픈 마음은 그 어느 때보다 강할 상황임에도 기도 자체가 아무런 힘이 없어 보일정도였다. 그렇다고 특별히 파괴적인 생각을 했던 것은 아니었다. 그냥 멍하니, 그저 그렇게 멍하니 있기만 했다.

죄책감

아들의 태어남으로 인해 여기저기서부터 축복과 축하의 메시지로 하루하루를 기쁨과 설렘으로 가득 채우던 나날들이 불과 5개월 전이었다. 겨우 얻은 15평 전세 아파트에서, 가진 것은 없지만 그래도 우리 부부에게 새 생명을 허락하신 하나님께 감사드렸다. 그리고는 새로운 시작을 해보자며 겸손한 마음으로 아내와 다짐했었던 그 화이팅의 나날들이 전부 TV 속 드라마처럼 지나가고 있었다. 슬픔과 고독은 빛도 삼켜버리는 강력한 블랙홀처럼 우리를 끌어 당겼다. 그러나 우리에게는 그렇게 절망에 잠겨 있는 것도 사치였다. 주위에서는 기도를 더 열심히 하라는 분들도 계셨고, 아니나 다를까 욥의 세 친구와 같은 부류도 여럿 나타났다. 그들의 위로는 사탕이 발라져 있을 정도로 달고도 부드럽게 들렸지만, 결국은 우리 부부가 과거에 뭔가 죄를 지었기 때문에 하나님께서 벌을 내리시는 거라는 식의 인과응보를 말하고 있었다. 뿌리지 않았는데 나쁜 열매가 맺힐 리 없다는 논리였다. 그들 앞에서 우리 부부는 또 한 번 죄인이 되어야만 했고, 두 배로 죄책감을 느껴야만 했다. 더욱 비참했던 것은, 그들의 말이 사실일 수도 있을 것 같았고, 그들의 조언을 거짓이라고 단박에 뿌리칠 수 없었던 우리들의 마음가짐이었다. 눈앞에 떡 하니 보이는 절망 앞에서 우리는 도저히, 도저히 그렇게 할 수가 없었다. 그들의 속이 훤히 들여다보이며 도대체 누구를 위한 것인지 모를 영혼 없는 달콤한 위로는 어쨌거나 우리로 하여금 빨리 현실로 돌아오게 만들어 주는 역할도 했다. 아들이 간질로 하루에도 몇 번씩 의식을 잃고 있다는 것은 눈을 수백만 번 감았다 떠도 현실이었으며, 우리에게 주어진 어린 생명을 부모로서 책임을 다하여 지킬 의무가 있다는 것 역시 엄연한 현실이었다. 우리는 뭐라도 해야만 했다.

인하대학교병원에 입원 절차를 밟고 제대로 검사를 받아 보기로 했다. 아들은 며칠에 걸쳐 수면 상태에서 뇌파 검사, 브레인 CT, 브레인 MRI 검사를 했다. 검진 결과는 역시나 간질이었다. 이미 체감하고 있는 사실이라도 권위를 가진 사람이 공식적으로 내리는 선언은 언제나 인간의 마음을 송곳같이 찔러 목까지 올라온 울분을 터뜨리게 만드는 발화점 역할을 한다. 담당 의사의 간질이라는 공식적인 진단명 선언에 우리 부부는 다시 한 번 억장이 무너졌다. 약을 먹이지 않으면 아이가 위험해 질 수도 있다고 했다. 여러 가지 약이 있지만, 한 가지 약을 추천해 주셨고, 결국 우리는 그것을 받아들일 수밖에 없었다. 그렇게 해서 생후 5개월의 우리 아들은 공식적인 간질 환자가 되었다. 이런 상황에 처하면 힘들지 않을 부모가 어디 있겠냐마는, 내가 생물학을 전공한 박사이고 아내가 의대를 졸업한 의사라는 사실과, 둘 다 각 가문에서 처음으로 예수님을 믿는 아브라함과 같은 존재였다는 사실은 우리 부부를 더욱 힘들게 했다. 이러한 복합적인 이유로 나는 아들의 간질을 나도 모르는 사이에 어느 정도는 저주로 받아들이고 있었던 듯하다.

웃음이 사라진 가족

마음을 단단히 먹고 항간질성 약물인 카바마제핀^{Carbamazepine}이라는 약을 매일 꾸준히 먹이기 시작했다. 우리는 여느 이유식을 먹이듯 웃으면서 아들의 입에 그 약을 넣어줬고, 아들은 그게 뭔지도 모른 채 엄마, 아빠를 바라보며 씨익~ 웃으며 꾸역꾸역 삼켰다. 약을 먹는 아이를 보며 우리 부부는 이런 마음이었던 것 같다.

'이렇게 웃지만, 그래도 엄마, 아빠의 마음은 기쁘지가 않단다. 너에게 이 약을 먹이는 건 너를 사랑해서야. 엄마, 아빠는 최선을 다하고 있어. 비록 이 약을 먹이는 게 엄마, 아빠가 할 수 있는 모든 것이지만...'

몇 달에 걸쳐 관찰한 결과 분명히 약은 효과가 있었다. '순간 정전 현상'은 갈수록 양호해졌다. 그러나 한 가지 치명적인 부작용이 있었다. 이미 의사가 언급해 주기도 했지만, 우리 두 눈으로 그 현상을 직접 목격하게 되는 것은 또 다른 문제였다. 아들의 의식 잃는 현상은 사라져 갔지만, 약 기운으로 인해 아들은 그냥 멍하니, 그렇게 자주 멍하니 있었다. 어린 아들이 먹는 약은 신경계를 건드리는 약이라 사람을 둔하게 만들었다. 웃음도 없이, 마치 생을 다 한 노인처럼 우리를 바라보며 있기도 했다. 그렇게 정전의 복구는 확실한 흔적을 남기고 있었고, 그 흔적은 아들에게서 생기를 빼앗아가고 있었다. 아내의 고백을 기억한다. 차라리 울면서 보채고 또 난장판을 만들어 놓는 아기 때문에 여느 엄마들이 겪는 그 성스러운 짜증을 토로했을 때가 그립다고. 나 역시 마찬가지였다. 일하고 들어와 하루 종일 지친 아내의 짜증을 받으며 요리며 집안일을 투덜투덜 대며 하던 때가 그리웠다. 물론 그 때도 힘들었지만, 그래도 그때는 집 안에 생기가 가득했기 때문이었다.

처음에는 약효가 있기를 간절히 바라며 완치까지도 기대했었지만, 몇 달이 지나면서 약을 먹일 때마다 우리의 마음속에서는 도대체 이 약이 무엇을 위한 것인지에 대한 근본적인 의문이 들었다. 과연 아들을 위한 것인가? 아니면, 그저 간질 퇴치를 위한 것인가? 그렇다면 아들을 위한 것이라는 것이 도대체 무엇이란 말인가? 그 생기 없던 몇 달은 우리에게는 또 다른 고통이었다. 전에는 맛본 적 없는 조용한 고통. 침묵이 무서웠다. 아이의 얼굴에서 웃음이 사라지는 것을 부모의 눈으로 지켜보고 있는 것은 마치 적도 부근에 존재한다는 바람도 불지 않고 파도도 일지 않는 무풍지대 속에 갇혀 서서히 죽어 가는 것만 같았다. 마침내 전염성이 강한 그 약은 결국 부모인 아내와 나에게까지 효과를 나타내 우리의 얼굴에서도 웃음을 앗아갔다. 그러는 사이 조용히 야금야금 우리 집 안에는 침묵이 꽈리를 틀었다.

'하나님, 차라리... 차라리 아들을 죽여주시지, 왜 모두에게 이렇게 고통스러운 삶을 주시는 거예요? 우리를 사랑하시는 거 맞아요? 우리를 잊어버리신 건 아니에요? 이렇게 평생, 아들이 성인이 될 때까지 우리가 바짝 붙어서 뒷바라지해야 하는 거예요?'

실제 내가 했던 기도였다. 나는 아들의 죽음을 구하기도 했었던 병신 같은 못난 아빠였다. 차라리 아들이 죽고 장례를 치르고 그 상실의 아픔을 겪는 편이 평생 웃음이 사라진 무표정한 아들을 성인이 되어서도 뒷바라지하며 살아야 하는 삶보다 더 나아 보였던 것이다.

수고하고 무거운 짐

내 생각과 기도가 죽음이라는 단어로까지 진행이 되었을 때는, 이미 보이지 않는 어떤 선을 넘어선 기분이었다. 그러나 다행히 그 기분은 오히려 내게 강한 탄성이 되어 나를 제자리로 돌아오게 도와주었다. 생각의 극단에 다다랐을 때에야, 그 끝 조차도 보이지 않는 어떤 강력한 힘에 의해 보호받고 조절 받고 있다는 것을 감지하게 되었던 것이다. 돌아보면 그 고뇌의 시기는 아들이 아니라 오히려 나와 아내에게 초점이 맞춰져 있는 것 같았다. 아들의 육신에 하나님께서 친히 간섭하셔서 부모인 우리의 정신적·영적 부분까지 터치하고자 하시는 것이 이 모든 사건들의 목적인 것만 같았다. 우리 안에서 버림받고 소외되고 억눌렸다고 여겨왔던 생각이 그 순간, 그래도 여전히 보호받고 있으며 여전히 받아들여

지고 있다는 믿음으로 급격하게 바뀌어 갔다. 그렇게 생각의 흐름
이 달라졌고, 그에 따라 기도의 방향과 내용도 바뀌었다. 우리는
오랫동안 잊어왔던 작은 기쁨을 다시 느낄 수가 있었다. 그 흥분
을 감추지 못해 우리 부부는 밤새 대화를 나누기도 했다. 비로소
영문도 모른 채 그 동안 달려왔던 암흑 속 수 개월의 이유를 알 것
같았고, 그제야 아내와 내가 매일 하나님께 물어왔던 하나님의 뜻
을 알 것만 같았다. 답을 찾은 것 같았다. 그것은 아들이 우리 소
유가 아니라 하나님의 소유라는 사실을 전적으로 인정하는 것이
었다.

백세가 되어 얻은 사랑하는 독자 이삭을 내어놓았던 아브라함
의 믿음을 테스트하시고, 그의 순종함을 보기를 원하셨던 하나님
이 생각났다. 그리고 그 아브라함과 이삭의 하나님이 바로 동일
한 나의 하나님, 우리의 하나님이라는 사실이 믿음으로 고백되어
졌다. 구약성경 속 이야기가 바로 나와 우리의 이야기임이 실제로
믿어졌다. 전적으로 내려놓는 것. 버리는 것이 아니라 하나님 앞
에 내려놓는 것. 수고하고 무거운 짐을 예수님 앞에 내려놓고 쉼
을 얻는 것에 그치는 것이 아니라, 마음이 온유하고 겸손하신 예
수님의 멍에를 메고 예수님께 배우는 것. 바로 그것이었다. 창세
기 22장과 마태복음 11장의 만남. 우리 부부에게 있어서는 아들
의 간질과 상관없이 짊어지고 있었던 무거운 짐에서부터 우리를
자유케하는 진리의 말씀이었다. 아들의 간질은 우리 죄의 열매가

아니었고, 우리 안에 우리도 모르게 갖고 있었던 수고하고 무거운 짐의 존재를 발견케 하는 문이었던 것이다. 그것은 결코 저주의 결과가 아니었고, 다시금 우리 모두가 주인이 아니라 종으로, 청지기로, 하나님 형상으로 하나님께로 나올 수 있게 만드는 축복의 문이었던 것이다. 이러한 깨달음과 믿음의 회복을 계기로 우리는 더 이상 아들의 간질에 구애받지 않게 되었다. 아들이 간질이라도 이제는 상관없었다. 그 동안 쉬쉬하고 부끄러워하며 숨겨왔던 그 사실을 남들 앞에서도 당당하게 얘기할 수 있을 정도로 우리 부부는 마음의 준비가 되었다. 우리가 박사와 의사가 되기 위해 쌓아왔던 모든 과거의 노력과, 그로 인해 현재 누리고 있는 어느 정도의 유익, 또한 미래에 받게 될 어느 정도 예상할 수 있는 이익을 전부 포기하는 한이 있더라도, 하나님이 주신 생명, 아들을 보살피는 일이 우리의 우선순위가 되어야만 하며, 그 일에 기쁨으로 순종하는 것이 하나님이 맡겨 주신 하나님의 소유를 잘 관리하는 우리의 사명, 인간의 사명이라는 사실이 분명해졌다. 분별력이 생겼다. 우리에게는 그것이 바로 하나님의 형상으로 지으신 인간에게 하나님이 원하신 일이었다.

그렇게 모든 상황이 밖에서 부터가 아니라 우리 내면에서부터 변화하기 시작했다. 우리는 아들에게 투약하는 약의 용량을 서서히 줄여가기 시작했다. 완전히 약을 끊는 게 목표였다. 물론 하나님이 환상이나 환청으로 나타나셔서 약을 끊으라고 하시지는 않

있다. 혹시라도 바랐을 환상이나 환청을 한 번도 경험한 적은 없었고, 물론 그렇다고 해서 우리에게 뚜렷한 과학적이고 의학적인 근거도 없었다. 하지만 어떤 보이지 않는 굴레에서 벗어나 자유함을 얻은 우리에게는 약을 끊는 게 맞다고 판단되었다. 물론 약을 끊고 나서 여전히 간질 증상이 지속해서 나타나면 다시 약을 먹이면 되는 일이었다. 그리고 약은 치료제가 아니라 증상 완화제다. 솔직히 말해서, 우리가 하나님의 테스트를 통과했다는 사실을 하나님으로부터 직접 인증 받고 싶었던 마음도 있었다. 정기 검사를 위해 찾아간 담당의사는 무모한 짓이라며 절대 약을 끊지 말라고 만류했었다. 하지만 우리는 애초부터 그 의사 선생님을 설득하는 게 목적이 아니었다. 그렇게 반대하던 담당 의사도 내가 던진 한 문장에 수긍 했다.

"책임은 반드시 우리가 질 테니 걱정 마세요."

얼마 후 정기 검진을 받기 위해 다시 병원을 찾은 우리는 담당 의사와 우리가 체험한 기적을 얘기하고 있었다. 믿기지가 않는다는 듯 담당 의사는 뇌파 검사를 해보자고 말씀하셨고, 우리는 흔쾌히 그 제안을 받아들였다. 아들은 정상이었다. 몇 달 전 찍었던 뇌파와 현저하게 달랐다. 정상인의 뇌파였다. 담당 의사는 기적을 인정했다. 그리고 다음 정기 검진 스케줄을 잡지 않았다. 그렇게 해서 아들은 공식적인 정상인이 되었다. 아들에게 아내가 지어준 닉네임은 '하합'이다. '하나님 마음에 합한 자'의 줄임말이다. 양 가 문에서 아브라함으로 부름을 받은 나와 아내 사이에서 태어난 첫 생명인 아들 녀석은 이삭과도 같은 경험을 거친 셈이었으며, 다윗 처럼 하나님 마음에 합한 자로 살아갈 수 있도록 나와 아내는 목 숨을 다해 도울 것이다. 하나님의 소유임을 전적으로 인정하면서 말이다. 2020년 현재 아들은 미국 나이로 11살, 6학년으로 아주 건강하다. 우리 가족은 아들로 인해 하나님의 살아계심을 피부로 체험할 수 있었으며, 아들을 볼 때마다 하나님의 주권과 사랑하 심, 신실하심, 그리고 동일하심이 늘 생각난다. 아브라함의 하나 님, 이삭의 하나님, 야곱의 하나님, 그리고 그 하나님은 곧 나의 하 나님이다. 나는 오늘도 그렇게 전능하신 하나님께 진심으로 기도 한다.

"하나님, 더 좋은 아빠가 되게 해 주세요!"

에필로그

가치관이 바뀔 때 까지

1.

2011년 초 미국 여러 곳의 연구소와 대학에 포닥Postdoctoral Researcher지원을 했다. 나름 새로운 시작이었기에 온전히 하나님의 인도로만 시작하고 싶었다. 그래서 내 주요 전공분야인 '마우스 유전학Mouse Genetics'을 다루는 곳에만 지원한 것이 아니라, 훨씬 더 넓은 범위로 지원을 했다. 나의 필터를 너무 촘촘히 하면 하나님의 인도가 필터링 아웃될 수 있을 것 같았기 때문이다. 3개 정도의 최소한의 조건만 염두에 두었다. 또한 박사 졸업 후 한국에 2년간 머물렀던 랩Lab.실험실의 지도교수님이나 여러 아는 교수님들로부터는 추천서 이외에는 어떤 개인적인 도움을 받지 않기로 결심했었다. 모두 다 나를 향한 하나님의 인도를 방해할 가능성이 있다고 생각했기 때문이었다. 하나님이 아닌 그 어떤 누구의 도움으로도 내 미래를 시작하고 싶지 않았다. 그런데 돌려서 생각해보면, 그건 역설적으로 그만큼 성공에 대한 야망이 지나칠 정도로 강렬했다는 것을 의미했다. 겉으로는 전적인 하나님의 인도를 받고자 했던 처절한 몸부림으로 비쳐질 수 있었지만, 결국 그 모든 것을 통제하는 컨트롤 타워에는 하나님이 아닌 내가 있었다. 그렇게 미국 4대 병원 중에 하나로 불리는 오하이오의 클리블랜드에 위치한 '클리블랜드 클리닉Cleveland Clinic'의 실험실로 가게 되었다. 가족 항공권과 첫 달 아파트 렌트비까지 지원받으면서 미국에서의 첫 포닥을 시작했다. 내가 맡은 프로젝트는 분자생물학과 세포생물학, 그리고 생화학적인 기본 지식만 있으면 해결할 수 있는 문제처럼 보였다. 정말 열심히 공부하고 연구에 임했다. 마치 다시 대학원생이 된 것처럼 모든 것을 쏟아 부었다. 그렇게 유수 기관으로부터 2년짜리 포닥 장학금도 받고 교수들로부터 칭찬도 받으며 연구가 잘 진행됐다. 짧은 시간 안에 지도 교수가 예상했던 것보다 많은 일을 해냈다. 자연스럽게 연봉도 올라갔다. 모든 일이 척척 진행되는 것 같았다.

　그러던 어느 날 나를 고용했던 지도 교수가 조울증이라는 사실을 알게 됐다. 실제로 함께 일하는 동료는 지도 교수가 매일 조울증 약을 먹는다고 했다. 처음에는 그러려니 했다. 내 위치는 안정적이었고 지도교수와의 관계도, 연구 진행도 좋았기 때문이다. 지도 교수의 성격이 굉장히 직설적이고 화통한데다, 굉장히 예리하기까지 해서 개인적으로는 나와 잘 맞는다고 생각했다. 그런데 커다란 문제가 이곳저곳에서 터지기 시작했다. 그곳에서 일한 지 2년이 다 되어가던 2013년 여름이었다. 실험실의 연구비 사정이 열악해졌다. 실험실에는 나를 포함해서 12명이 일하고 있었다. 그런데 2013년 여름이 되었을 때는 단 4명만 남게 됐다. 그 동안 여러 가지 이유로 실험실을 그만둔 사람이 8명이나 된 것이다. 그러던 중에 나는 연구를 진행하면서 기존에 결론이 나 있는 실험 결과에 대한 의문이 생겼다. 그 결론은 『Nature』라는 학술지에 실린 논문의 핵심 데이터였고, 그 덕분에 지도 교수는 매달 전 세계 여러 곳에 초청받아 강연을 다니고 있었다. 내가 진행했던 프로젝트는 『Nature』에 실린 논문의 후속작 이었는데, 앞서 발표한 논문의 미처 해결하지 못한 문제를 푸는 것이었다. 그러기 위해서는 『Nature』에 발표된 논문의 결론이 옳다는 것이 전제되어야만 했다. 그런데 내 손으로 재현한 실험 결과는 반대의 결과를 말하고 있었다. 불행의 시작이었다. 지도 교수를 찾아가서 이 문제에 대해 토론 했다. 그런데 지도 교수는 그저 내 손이 좋지 않아서 그럴 거라고 했다. 머리로는 이해할 수 있었다. 전 세계에서 초청받으며 발표를 하러 다니는 유명 인사에게 일개 아시안 연구원이 찬물을 끼얹는 격이었을 것이다. 하는 수 없이 실험을 다시 하고 또 하고, 모든 시약을 새롭게 구입해서 또 해보고, 내 손이 문제인가 싶어서 다른 사람에게 부탁해서 해보기를 반복했다. 물론 결과는 동일했다. 그것은 『Nature』에 발표한 논문의 핵심 데이터 중 하나가 틀렸다는 것을 의미했고, 또 그것은 『Nature』의 후광을 입고 스타가 된 지도 교수와의 정면 승부가 남았음을 알리는 것이기도 했다. 클리블랜드 클리닉은 미국의 4대 병원이라 불리는 최고의 병원인데, 지도 교수는 이곳에서 포닥을 시작해 정교수가 되기까지 10년도 채 걸리지 않은 입지전적의 인물이었다. 뿐만 아니라 클리블랜드 클리닉의 석좌교수Endowed Chair였으며 우수 연구자 상도 세 차례나 받은 최고의 스타 교수였다. 이런 지도 교수의 이력에 흠집을 내는 도전은 계란으로 바위 깨기보다 어려운 일이었다. 그런데 내가 지도 교수로 인해 정신적으로 힘든 상태가 되어보니, 그제야 지도 교수로 부터 고통 당해온 동료들의 이야기가 들렸다. 그것은 12명에서 나와 함께 살아남은, 나를 제외한 3명의 만성적인 애환이었으며, 이미 사라진 8명이 실험실을 떠난 이유이기도 했다. 늘 같은 공간에 있었지만 그제야 비로소 나는 그들과 소통을 시작했고 공감을 시작했던 것이다. 나도 모르게 신음소리를 내며 구원을 바라는 약자들의 연대에 가입하게 된 것이었다. 그렇게 창창했던 내 성공계획이 무너진 곳에서 소통과 공감이란 선물을 발견한 것이었다.

조울증 환자는 울증일 때보단 조증일 때 더 두려운 존재가 된다. 지도 교수가 울증인 날은 갑자기 실험실로 들어와 일방적으로 고함을 지르다 나가버리기 일쑤였다. 그러다 어떤 날은 그 동안 아무 일도 없었다는 듯 실험실 멤버들을 데리고 근처 호텔 바에 데리고 가기도 했다. 정신이 아픈 사람의 돌발적인 행동도 무서웠지만, 지도 교수의 이런 조울증에 익숙해져 가는 우리들의 반응이 더 공포스러웠다. 하지만 나에게는 별다른 옵션이 없었다. 정신이 아픈 사람과 함께 하는 것이 일상이 된다는 것은 정도는 다르겠지만 함께 그 정신을 공유할 수밖에 없는 것이었다. 그렇게 우리 실험실은 매일 사이코드라마를 찍었고, 하루가 멀다 하고 지도 교수의 만행으로 울음을 터뜨리는 동료들의 손을 잡고 서로를 위로했다.

당시의 나는 정상과 비정상, 정의와 불의, 옳음과 그름, 그리고 이상과 현실의 경계까지 불분명했기 때문에 솔직히 어느 쪽도 확신이 서지 않았다. 그건 내가 그 늪에서 탈출하기 위해선 무언가 큰 결단과 희생이 따라야 함을 의미했다. A를 선택한다면 B를 잃을 각오를 해야 했고, B를 선택한다면 A를 잃는 희생을 치러야 했다.

옵션 A: 손을 잡고 거짓의 한 배에 탄다.

장점: 과정은 뜻밖이겠지만 미국 오기 전 내 몸과 마음을 가득 채웠던 성공지향의 가치관을 드디어 실현할 수 있다. 이상적인 코스라고 할 수 있는, 박사 후 5년 만에, 그 분야에서 입김이 센 세력을 배경으

로 해서, 그것도 미국에서 교수가 될 수 있다. 1년을 넘도록 혼자 고생했던 시간을 넉넉하게 돌려받을 수 있다.

단점: 과학자로서의 양심을 속여야 한다. 불의에 동조해야 한다. 거짓을 행해야 한다. 평생 마음에 남아 떳떳하지 못할 것 같다.

옵션 B: 독자 노선을 걷는다.

단점: 성공은 물 건너간다. 내 장학금이 끝나는 2014년이 지나면 계약을 갱신해 줄 리가 없다. 한국으로 돌아가든지 다른 곳으로 옮겨야 한다. 지난 3년간의 업적이 공식적으론 아무 것도 없게 되므로 그어느 곳도 날 받아주지 않을 것이다. 이전 보스와의 관계가 당연히다음 보스에게 영향을 미친다. 즉, 기적이 일어나지 않는 한, 한국행밖에 방법이 없다. 그런데 한국으로 가더라도 뾰족한 수가 없다. 게다가 아내가 2014년 6월부터 보스턴에서 내과 레지던트를 시작했으므로 한국으로 가게 되면 아내 입장에서는 큰일이다.

장점: 아무도 알아주지 않겠지만, 과학자로서 양심을 지킬 수 있다. 비록 실패자 위치에 가게 되겠지만, 뭐, 정의로운 일을 고수했다고, 그래서 의로운 희생을 당한 거라고, 적어도 스스로에게 떳떳할 수는 있겠다.

어찌 보면 2013년 중반부터 시작되어 2014년 말까지 1년이 넘게 진행된 그 싸움은 연구비를 잃어버려 조울증이 심화된 한 사람과의 싸움이 아니었다. 나의 내면에 있는 두 자아 간의 치열한 싸움이었다. 결국 양심 문제였으며, 정의의 문제였다. 그런데 그 문제는 내가 지난 10년이 넘도록 갈고 닦아온 과학자라는 정체성과 미래를 담보로 하고 있었다. 그리고 내게는 그 담보가 감당하기 힘들만큼 크다는 것이 진짜 문제였다. 눈에 보이는 그 커다란 담보를 눈에 보이지 않고 아무도 알아주지 않을 가치를 위하여 포기할 수 있는지를 테스트라도 받는 것 같았다. 세월호 사건이 터졌던 바로 그 때, 2014년 4월이었다. 1년간의 지난한 싸움의 결론을 내어야 할 때가 되었다. 결국 나는 간신히 미래가 아닌 양심을 택하게 된다. 정말 미적지근한 결정이었지만 선택은 선택이었다. 내 모습만 보면 어디서 그런 용기가 생겼는지 알다가도 모를 일이다. 하지만 여러 만남에서 비롯된 사람들의 중보 기도와 부족하지만 하나님을 의지하며 간구했던 기도의 시간 때문이었으리라... 어찌 되었든 나는 지도 교수에게 먼저 찾아가서 이렇게 말했다. 정확한 문장이 기억이 나진 않지만, 요지는 이렇다. 내가 1년이란 시간을 들여 틀렸다고 밝혔으나 지도 교수가 끝끝내 인정하지 못하는 그 부분을 제외한, 서로 동의하는 결과로만 이야기를 만들어 논문을 써보자는 제안이었다. 예상했던 바지만 지도 교수는 별 말이 없었다. 그래서 나는 내 계획대로 진행해 나갔다. 물론 무턱대고 내 말만 하고 자리를 박차고 일어나지는 않았다. 논문도 글이라서 스토리가 중요하다. 문학 작품은 아니지만 그와 비슷한 요소가 있다.

그런데 그때까지만 해도 내 손에 있던 결과만으로는 멋진 스토리가 나올 수 없었다. 임팩트가 있는 데이터가 필요했다. 그래서 다시 열심히 공부를 하기 시작했다. 이번에는 실험실에 처음 들어왔을 때와는 전혀 달랐다. 성공이 목적이 아니었다. 지도 교수에게도 나에게도, 모두에게 최선이 될 수 있는 열매를 맺어보기 위한, 어쩌면 과학자로서 필드 위에서 마지막일지도 모르는 몸부림이었다.

그러는 와중에 그 해 7월 보스턴에 있는 한 곳의 실험실에 인터뷰를 하러 다녀왔다. 물론 내가 염려했던 그 문제들로 인해 불합격 되었다. 그로써 아내가 있는 보스턴으로 갈 길도 완전히 차단이 된 것이었다. 점점 미래는 어두워져 갔다. 그때부터는 무엇을 계획하든 적어도 3년간 아내와 함께 살지 못한다는 사실을 전제로 해야 했다. 마지막 시도라고 생각하고 미국에 있는 실험실 3곳에 무작정 지원을 했다. 그런데 내가 지원한 곳 중 하나인 인디애나 의과대학으로부터 하루 만에 인터뷰를 하자는 답장이 왔다. 30분이 넘는 전화 인터뷰가 끝나갈 즈음. 그녀가 기절초풍할만한 사실을 말했다. 자신이 내가 박사 졸업할 때 출판했던 논문『Blood』의 리뷰어 중 한 명이었다는 것이다. 전율이 돋았다. 그리고 그녀는 그 리뷰 과정에서 있었던 내가 모르는 해프닝까지 말해주면서 자신은 내 논문의 팬이라고 했고 최근에 자신이 출판한 논문도 내 논문을 뼈대로 했다고 했다. 자기 실험실에는 내 논문을 모르는 사람이 없다고도 했다. 외부로 발표하러 갈 때는 내가 만들었던 그림을 사용한다고도 했다. 나는 그녀를 전혀 몰랐으나 그녀는 나를 잘 알고 있었던 것이다. 전화 인터뷰 내내 밝은 목소리와 호의적인 태도가 이해가 되는 순간이었다. 솔직히 기적이었다. 일반적으로 논문의 리뷰어가 누군지는 저자들에게 철저하게 비밀로 부쳐진다. 그리고 보통 그 분야에서 세계적으로 저명한 3명 정도의 전문가에게 리뷰가 맡겨진다. 그러므로 그 중 그녀가 한 명이었다는 사실은 지나가다 날벼락을 맞는 확률과도 비슷한 것이다. 전화를 끊기 전 그녀는 내게 정식 인터뷰를 제안했다. 흔쾌히 승낙했다. 그렇게 그녀는 현재 내가 모시고 있는 지도 교수가 되었다. 나는 2015년 1월부터 그녀와 인디애나 의과대학에서 함께 하다가 2016년 8월 캘리포니아에 있는 암 전문 기관인 City of Hope라는 곳으로 함께 옮기게 된다.

그녀를 만나 애초에 다짐했던 대로 나의 모든 핸디캡을 있는 그대로 다 말했다. 현재 보스와의 틀어진 관계와 일의 진행상황까지. 그리고 아내가 보스턴에서 수련 받고 있는 관계로 5살짜리 아들 녀석을 혼자 돌봐야 하는 '싱글 대디'라는 사실까지 다 말했다. 그런데 놀라운 것은, 그녀는 그것조차도 괜찮다는 것이었다. 오히려 내가 솔직해서 좋다고 했다. 그녀 역시 의학박사 학위Doctor of Medicine를 가지고 있었고 레지던트를 경험해 봤기 때문에 오히려 내가 아내를 위해서 아들을 돌봐주는 것 자체를 높이 샀다. 또한 자기도 고등학생 딸이 있기 때문에 저녁때는 픽업을 가야 한다면서 내가 저녁 늦게까지 일하지 못한다는 것을 이해해주었다. 모든 게 정말 말도 안 되는 상황이었다. 내 상황을 그렇게나 잘 이해해 주고 또 격려까지 해주면서 동시에 나의 과학자로서의 역량까지 인정해 줄 수 있는지, 도무지 믿기지가 않았다. 일이 이렇게도 풀릴 수가 있구나! 또 한 번 전혀 예상하지 않았던 문이 열리는 순간이었다. 인터뷰가 끝날 무렵, 그녀는 나에게 좋은 조건으로 함께 일하자고 제안했다. 뿐만 아니었다 인디애나로 인터뷰를 가기 직전 내가 디자인했던 실험 결과가 나왔고, 다행히 예상했던 대로였다. 내가 구상한 논문의 마지막 퍼즐이 맞춰졌던 것이다. 한 가지 더 놀라운 사실은, 그 무렵 노바티스Novatis라는 거대 제약회사에서 논문을 막 출판했는데, 그 핵심 내용은 클리블랜드 클리닉의 보스였던 지도 교수가 자랑스러워했던 『Nature』 논문이 틀렸을 가능성이 높다는 것이었다. 재현성이 없다는 것이었다. 내가 그 지도교수를 상대로 해서 1년이 넘도록 외로운 싸움을 해 온 그 데이터를 직접적으로 뒷받침해주는 내용이었다.

2.

하나님의 은혜였는지 하나님의 인내였는지, 아니면 그 둘 다였는지 모르겠지만, 내가 추구했던 성공은 점점 눈앞으로 다가오는 것 같았다. 명문대학 입학에 이어 그곳에서 박사학위까지 받았다. 개천에서 용 난 꼴이었다. 특히나 아무런 경제적 학문적 배경이 없는 가문 출신이라 내가 하는 모든 작은 성공들은 가문에서의 역사가 되었다. 나는 나와 같은 2세들에게 모델이 되었고, 그건 비단 피가 섞인 가문이라는 범위를 넘어 교회에까지 유효했다. 고등학교 3학년 뿐 아니라 수능 직전까지 한 번도 주일 예배를 빼먹지 않았다. 고등학교 3학년 여름 수련회에는 오히려 리더로 참석해 팀을 우승으로 이끌었다. 성경 퀴즈 대회와 성경 암송 대회에서 1등은 늘 따 놓은 당상이었다. 매일 새벽 예배당 앞자리에 앉아 울면서 기도하시는 권사님들이나 나이가 지긋이 드셨으나 경제적 배경이 탄탄하신 장로님들이나 주일학교를 담당하시는 전도사님, 목사님 할 것 없이 모두 나를 추켜세웠다. 주일 성수와 기타 교회 활동에 늘 적극적으로 참석하면서도 학업에서 우수한 열매를 맺었다는 것은 그분들에게는 언제나 원인과 결과로 작용했던 모양이다. 그 논리로 이뤄진 신앙의 모델로서 나처럼 적당한 재료는 없었던 것이다. 기분이 좋았다. 우쭐해졌다. 내가 혹시 잘못하거나 실수해도 면제가 되었다. 공부 잘하는 것과 교회 활동 열심히 하는 것, 이 두 가지만 충족시키면 학교나 교회나 모두 내 세상이었다. 그런 내가 미국으로 건너와 한 명문 병원의 연구원이 되어 최고의 성공을 향해 앞만 보고 달렸던 것이다.

한 생물학자의 신앙공부라는 글을 읽고 공감해 주시는 분들이 있다면 그 이유는 현대 그리스도인들의 이중적인 삶과 그 결국을 나의 삶을 통해 엿볼 수 있었기 때문이리라 생각한다. 이런 면에서 그리스도인이 하나님 나라의 가치관과 세계관을 구축해 나가는 과정은 어쩌면 "우리는 누구이며, 왜 여기에 있는가?"라는 질문에 궁극적으로 답을 해 나가며 자신의 정체성과 사명을 찾아가는 이야기가 될 수도 있을 것이다. 가치관은 정말이지 쉽게 바뀌지 않는다. 가치관은 곧 그 사람이고, 사람은 쉽게 바뀌지 않기 때문이다. 사소한 일상에서부터 인생의 중대한 순간까지, 가치관은 그 사람의 과거와 현재, 그리고 미래까지도 엿볼 수 있는 창이 된다. 또한 가치관은 그 사람의 성장배경을 대변한다. 그것은 타고나는 기질이나 선천적인 재능이 아니기 때문이다. 그것은 오로지 한 사람이 보고 듣고 생각하고 말하고 쓰는 일련의 과정들의 복합적인 결정체다. 즉, 철저하게 외부 자극에 반응하면서 점진적으로 진화하며 인간 내면에서 생겨나는 눈이다. 그러므로 반복 · 지속적이거나 커다란 사건을 겪을수록 그에 대한 반응들은 더욱 심화되어 가치관 형성의 주축을 이룬다. 특히 커다란 사건의 경우, 누군가에게는 그것이 기쁨으로 충만한 추억으로 남을 수도 있고, 또 누군가에게는 지워지지 않는 마음의 상처인 트라우마로 남을 수도 있다. 다른 사람들은 어떨지 모르겠지만, 적어도 나의 가치관의 큰 변화는 나의 한계를 넘어서는 절망과 좌절에서부터 시작되었다. 성공지향의 가치관으로 내가 가진 모든 것을 쏟아 부을 정도로 치열하고 열정적이었건만, 내 한계는 내 의지와 전혀 상관없이 버젓이 존재했고, 나는 거기서 멈출 수밖에 없었다. 이제는 성공지향의 가치관은 외줄 타기라는 것을 안다. 특히 그리스도인의 경우, 그것은 자기기만이며 우상숭배며, 그 자신은 가면을 쓴 야누스라는 사실 또한 안다.

나의 가치관의 변화를 다르게 표현하자면, 부활을 경험했던 것이라고 말할 수 있을 것이다. 특히나 감사한 사실은 그 절망과 좌절에 갇혀버리지 않고 그것들로부터 벗어나 더 나은 모습으로 회복되었다는 것이다. 이런 면에서 볼 때, 나는 여전히 회복되지 못했거나 아직 그 과정 속에 있는 사람들에게 진심을 담아 응원을 보낸다. 사실 나처럼 그릇이 크지 않은 사람이 만약 회복을 경험하지 못했다면, 이런 글도 쓸 수도 없었을 것이다. 이런 글이 아니라 오히려 삐딱하고 강한 내 성격 탓에 아마 큰 사고를 치진 않았을까 상상해 본다. 죄악이 관영한 이 소돔과도 같은 세상 속에서도, 하나님을 신뢰하며 그리스도 예수의 부활을 체험하며, 여호와 하나님의 공평과 정의를 사랑으로 실천하며, 선으로 악을 이기며, 기다리는 삶. 나는 그 길이 그리스도인의 길이라고 믿으며, 곧 나의 길이라고 믿는다. 그리고 이런 길 위에서 함께 하는 공동체와 하나님 나라를 누리며 꿈꾸며 살아가는 것이 행복이라 믿는다. 그것이 참 성공이라고 믿는다.

3.

이 책을 혹시라도 읽게 될 모든 사람과 마찬가지로 나 역시 동등한 권리와 인격과 이성을 가진 한 인간이다. 그리고 나는 언젠가부터 스스로를 그리스도인이라 거리낌 없이 밝힐 정도로 그것을 나의 정체성 중 하나로 받아들인다. 한 걸음 더 나아가, 나의 또 다른 정체성은 생물학자라는 정체성이다. 여기서는 순서가 중요하다. 생물학자 이전에 그리스도인이고, 또 그리스도인이기 이전에 인간이라는 순서 말이다. 생물학자 중에는 비그리스도인이 훨씬 더 많이 존재하기 때문에 그 순서를 일반화시킬 수는 없겠지만, 그리스도인과 인간의 순서는 모든 그리스도인에게 적용되는 순서이리라 믿는다. 이 순서는 성경에 의거해도 옳다. 창세기 1장과 2장에 따르면, 창조된 사람은 그리스도인, 비그리스도인의 경계 없이 보다 원형적인 인간이었다. 즉, 우리 모두였다. 하나님은 그리스도인만 창조하지 않으셨다.

나는 여기서 중요한 의미를 하나 발견한다. 그리스도인이든 비그리스도인이든 상관없이 모든 인간에게 주어진 특성, 다른 동물과 구별되는 특징, '하나님 형상'이라고도 표현되는 인간만의 고유하고 독특한 특징 중 하나가 '합리적 이성'이라는 점이다. 합리적 이성은 하나님을 믿든 안 믿든, 즉 모든 인간에게 주어진 가치중립적인 그 무언가다. 그러므로 합리적 이성을 사용하는 것 자체를 마치 하나님을 대적하는 행위로 여기고 정죄, 규탄하는 것은 그리스도인이라는 정체성 이전에 모든 인간에게 주어진 특징, 즉 하나님 형상의 일부를 훼손하는 것이라 해도 과언이 아닐지도 모른다.

이는 첫 인간이 자유의지를 주신 하나님께 반역했다고 해서 자유의지 자체를 악으로 규정하는 것과 다름없다. 또한 이는 하나님이 선하다고 하신 것을 나쁘고 악하다고 하는 것과도 같다. 선과 악의 판단 기준을 하나님으로부터 인간 중심으로 가져온 창세기 3장 사건의 은밀한 본질과도 맞닿아 있는 것이다. 그러므로 나는 '합리적 이성' 자체를 악마화 하는 행위는 엄밀히 말하자면 죄라고 불러도 무방하다고 생각한다. 무엇보다 그리스도인으로서 그런 행위를 범하는 것은 정면으로 하나님의 창조 원리와 하나님이 주신 선물에 대한 반역이라고 생각한다. 그들이 이성을 악마화 하면서 구하고자 하는 순수한 신앙도 이러한 논리에 의거하면 한낱 죄와 반역을 저지른 인간들의 또 다른 선 일 뿐이다.

합리적 이성은 필연적으로 과학이라는 수단을 발전시켰다. 덕분에 인간은 과거에 몰랐던 수많은 자연의 신비를 이해할 수 있었다. 그리고 그 자연의 숨겨진 신비는 창조의 비밀을 파헤쳐 좀 더 하나님을 알아가는 훌륭한 방법이 되었다. 그러나 불행하게도 우리는 과학이 마치 신앙과 신학에 적대적인 위치에 있는 것처럼 오해하고 착각하게 되어버린 시대를 살아가고 있다. 주로 이 문제는 근본주의적인 신앙을 갖고 성경을 문자적으로만 해석하는 것이 가장 순수한 신앙을 견지하는 것처럼 여기는 부류의 기독교인들에서 비롯된다. 여기서 한 가지 짚고 넘어가야 할 것은, 근본주의라는 단어를 사용한다고 해서 가장 오래되고 정통적이며, 그래서 가장 근본적인 기독교 신앙이라고 이해하면 절대 안 된다는 점이다. 역사적으로 근본주의는, 보수적인 신앙을 갖고 있는 대부분의 그리스도인들이 거의 악처럼 여기고 있는 자유주의에 대항하여 반동적인 세력으로 나타난, 즉 자유주의보다 이후에 등장한 신진 세력이다. 이는 과학의 발견이 전통적으로 진리로 믿어왔던 것들과 괴리를 만들고 사람들에게 갈등을 부추긴다는 이유로, 과학을 주요 수단으로 삼은 인간의 합리적 이성의 사용 자체를 악마화한 뒤 아예 눈을 가리고 귀를 닫는 편을 선택한 사람들의 옹졸하고 비겁한 선택의 결과라 할 수 있다. 반과학적, 반지성적인 태도는 하나님을 창조주로 고백하는 그리스도인이 가져야 할 바람직한 자세가 결코 될 수 없다. 과학과 합리적 이성은 창조주 하나님이 창조하신 창조세계와 그 안에 거하는 모든 살아 숨 쉬는 생명체 안에 숨은 창조의 비밀과 신비를 밝혀 우리가 몰랐던 더 크신 하나님을 알아가고 그래서 더욱 하나님을 찬양할 수 있는 훌륭한 수단이다. 개인적으로 나는 한 생물학자로서 이러한 주장의 살아있는 증인이다. 여태껏 나는 많은 새로운 발견들을 해오면서 한 번도 그것들이 하나님의 창조가 허구라거나 거짓이라고 여겨본 적이 없다. 오히려 더 큰 경이감으로 하나님의 창조 앞에서 무릎을 꿇고 예배자가 될 뿐이다. 즉, 과학과 합리적 이성은 하나님께 한 걸음 더 다가가 예배할 수 있는 멋진 도구다.

이 책 역시 하나의 증거물이라 생각한다. 생명현상을 통해 오히러 하나님의 창조 원리와 섭리를 더욱 깊게 이해할 수 있고, 그래서 더욱 하나님을 향한 믿음과 신뢰가 탄탄해질 수 있으며, 나아가 개인과 교회가 처한 시대 현실을 냉철하게 파악할 줄 아는 통찰을 넘어, 앞으로 나아가야 할 올바른 기독교의 모습을 소망할 수 있도록 도와줄 수 있기 때문이다. 또한, 오늘을 어떻게 하나님 나라로 살아내야 할지 힌트를 던져주는 하나의 매개체가 된다고 믿기 때문이다.

급변하는 과학 시대는 포화상태로 치닫고 있다. 우리는 끊임없이 물어야 한다. 이러한 시대의 콘텍스트에서 어떻게 하면 수천 년 전에 써진 성경, 즉 하나님말씀대로 살아낼 수 있을 것인지 우리는 치열하게 고민하고 토론하며 나아가야 한다. 어쩌면 신학이란 학문이 존재하는 이유도 이 여정을 담당하는 사명일지도 모른다. 나아가, 모든 그리스도인은 신학자라고 할 수 있다. 예수님의 복음과 하나님 나라를 살아내는 일은 신학자들만의 전유물이 결코 될 수 없기 때문이다. 오히려 모든 그리스도인들의 사명이라 해야 옳다. 하나님께서 좋다고 선하다고 하신 합리적 이성 사용을 두려워하지 말자. 그리스도인이기 이전에 하나님의 형상이 깃든 인간으로서 말이다.

생물학자가 들려주는 과학과 신앙 이야기
과학자의 신앙공부

초판 1쇄 발행 2020년 11월 20일
초판 2쇄 발행 2021년 7월 7일

지은이 | 김영웅
그린이 | 신현욱
펴낸이 | 이재원

펴낸곳 | 선율
출판등록 | 2015년 2월 9일 제 2015-000003호
주소 | 경기도 구리시 동구릉로 148번길 15
전자우편 | 1005melody@naver.com
전화 | 070-4799-3024 팩스 | 0303-3442-3024
인쇄 | 성광인쇄 제본 | 일진제책

ⓒ김영웅·신현욱. 2020

ISBN 979-11-88887-12-5 03230

* 잘못된 책은 바꿔드립니다.
* 이 책 내용의 전부 또는 일부를 재사용하려면 반드시 저작권자와
  선율 양측의 동의를 받아야 합니다.